Сборник основных документов Системы Договора об Антарктике

Пятое издание

Secretariat of the Antarctic Treaty
Secrétariat du Traité sur l'Antarctique
Секретариат Договора об Антарктике
Secretaría del Tratado Antártico

Сборник основных документов Системы Договора об Антарктике

Пятое издание

Секретариат Договора об Антарктике
Буэнос-Айрес
2021 год

СБОРНИК основных документов Системы Договора об Антарктике.

Пятое издание

Буэнос-Айрес: Секретариат Договора об Антарктике, 2021 г.

с. 202

ISBN 978-987-8929-10-1

1. Международное право. 2. Система Договора об Антарктике. 3. Международные соглашения.

DDC 341.2/9

СОДЕРЖАНИЕ

Договор об Антарктике	**7**
- Конференция по Антарктике - Заключительный акт	9
- Договор об Антарктике	21
Протокол по охране окружающей среды	**33**
- Заключительный акт одиннадцатого Специального консультативного совещания по Договору об Антарктике	35
- Протокол по охране окружающей среды к Договору об Антарктике	39
- Приложение I: Оценка воздействия на окружающую среду	57
- Приложение II: Сохранение антарктической фауны и флоры	61
- Приложение III: Удаление и управление ликвидацией отходов	71
- Приложение IV: Предотвращение загрязнения морской среды	77
- Приложение V: Охрана и управление районами	83
- Приложение VI: Материальная ответственность, возникающая в результате чрезвычайных экологических ситуаций	95
Конвенция о сохранении морских живых ресурсов Антарктики (АНТКОМ)	**107**
- Конференция по сохранению морских живых ресурсов Антарктики - Заключительный акт	109
- Конвенция о сохранении морских живых ресурсов Антарктики	115
Конвенция о сохранении тюленей Антарктики (КОАТ)	**137**
- Конвенция о сохранении тюленей Антарктики	139
- Специальные разрешения на забой или отлов тюленей	153
Секретариат	**155**
- Соглашение о Штаб-квартире Секретариата Договора об Антарктике	157
- Положения о персонале Секретариата Договора об Антарктике	171
- Финансовые положения Секретариата Договора об Антарктике	185
- Мера 1 (2003 г.): Секретариат Договора об Антарктике	197

ДОГОВОР ОБ АНТАРКТИКЕ

CONFERENCE ON ANTARCTICA | CONFERENCIA DE LA ANTARTIDA
CONFERENCE DE l'ANTARCTIQUE | КОНФЕРЕНЦИЯ ПО АНТАРКТИКЕ

WASHINGTON, D. C. - OCTOBER 15, 1959

December 1, 1959

FINAL ACT

ACTE FINAL

ЗАКЛЮЧИТЕЛЬНЫЙ АКТ

ACTA FINAL

ЗАКЛЮЧИТЕЛЬНЫЙ АКТ

Правительства Аргентины, Австралии, Бельгии, Чили, Французской Республики, Японии, Новой Зеландии, Норвегии, Южно-Африканского Союза, Союза Советских Социалистических Республик, Соединенного Королевства Великобритании и Северной Ирландии и Соединенных Штатов Америки,

Приняв приглашение Правительства Соединенных Штатов Америки от 2 мая 1958 г. на конференцию по Антарктике с участием представителей двенадцати государств, которые сотрудничали в осуществлении антарктической программы Международного геофизического года,

Назначили в качестве своих соответствующих представителей:

<u>Аргентина</u>

<u>Представитель</u>

Его Превосходительство
Адольфо Силинго
(Глава Делегации)

<u>Заместитель представителя</u>

Доктор Франциско Р. Белло

<u>Австралия</u>

<u>Представители</u>

Его Превосходительство
Ричард Гардинер Кейси
(Глава Делегации)

Его Превосходительство
Гоуард Бил
(Заместитель главы Делегации)

<u>Заместители представителя</u>

Дж. К. Г. Кевин
М. Р. Букер

Бельгия

Представитель

Его Превосходительство
Виконт Обэр де Тиези
(Глава Делегации)

Заместители представителя

Жан де Бассомпьер
Алфред ван дер Эссен

Чили

Представители

Его Превосходительство
Марсиал Мора
(Глава Делегации)

Его Превосходительство
Энрике Гахардо

Его Превосходительство
Хулио Эскудеро

Заместитель представителя

Орасио Суарез

Французская Республика

Представитель

Его Превосходительство
Пьер Шарпантье
(Глава Делегации)

Заместитель представителя

Ги Скалабр

Япония

Представители

Его Превосходительство
Коичиро Асакаи
(Глава Делегации)

Такесо Шимода

Новая Зеландия

Представители

Его Превосходительство
Уолтер Нэш
(Глава Делегации)

А. Д. Макинтош
(Заместитель главы Делегации)

Заместитель представителя

Дж. Д. Л. Уайт

Норвегия

Представители

Его Превосходительство
Пауль Кот
(Глава Делегации)

Торфинн Офтедал
(Заместитель главы Делегации)

Заместители представителя

Доктор Андерс К. Орвин

Гунар Хаерум

Южно-Африканский Союз

Представители

Его Превосходительство
Эрик Г. Лоу
(Глава Делегации)

Его Превосходительство
В. Х. дю Плесси
(Заместитель главы Делегации)

Заместители представителя

Дж. Г. Стюарт

А. Г. Данн

Д. Стюарт Франклин

Союз Советских Социалистических Республик

Представители

В. В. Кузнецов
(Глава Делегации)

Г. И. Тункин
(Заместитель главы Делегации)

Заместители представителя

А. А. Афанасьев
Вице-адмирал В. А. Чекуров
М. М. Сомов
М. Н. Смирновский

Соединенное Королевство Великобритании и Северной Ирландии

Представители

Сэр Эслер Дэнинг
(Глава Делегации)

Его Превосходительство
Сэр Гаролд Кашия

Заместители представителя

Г. Н. Брэйн

Виконт Худ

Его Превосходительство
Г. А. А. Хэнки

Соединенные Штаты Америки

Представитель

Его Превосходительство
Герман Флегер
(Глава Делегации)

Заместители представителя

Его Превосходительство
Поль С. Даниелс

Джордж Г. Оуэн

Конференция открылась в г. Вашингтоне I5 октября I959 г. Основой для обсуждения служили рабочие документы, рассмотренные в ходе неофициальных предварительных переговоров между представителями этих двенадцати государств, которые состоялись в г. Вашингтоне после вышеупомянутого приглашения Правительства Соединенных Штатов Америки.

На первом пленарном заседании конференции посол Герман Флегер, глава делегации Соединенных Штатов Америки, был избран председателем конференции. Генеральным секретарем и докладчиком конференции был назначен Генри Э. Аллен.

Для рассмотрения вопросов повестки дня конференция образовала два комитета, на заседаниях которых председательствовали по очереди представители участвующих на конференции государств. После первоначального обсуждения указанных вопросов эти комитеты были преобразованы в Комитет полного состава. Были также образованы: Комитет по полномочиям, Редакционный комитет и Комитет по согласованию текстов.

Заключительное заседание конференции состоялось I декабря I959 года.

В результате обсуждения, зафиксированного в кратких протоколах и отчетах соответствующих комитетов и пленарных заседаний, конференция разработала и представила для подписания I декабря I959 года Договор об Антарктике.

Конференция рекомендовала участвующим в ней Правительствам назначить представителей с тем, чтобы они собрались в г. Вашингтоне не позднее, чем через два месяца после подписания Договора, и в дальнейшем, до вступления его в силу, собирались бы в удобное время для взаимной консультации и рекомендации своим Правительствам таких предварительных мер по вопросам, затрагиваемым в Договоре, которые они сочтут желательными.

В УДОСТОВЕРЕНИЕ ЧЕГО следующие Полномочные представители подписывают настоящий Заключительный Акт.

СОВЕРШЕНО в городе Вашингтоне, декабря первого дня тысяча девятьсот пятьдесят девятого года, в одном экземпляре на английском, французском, русском и испанском языках, причем каждый из текстов является равно аутентичным; подлинный экземпляр будет сдан на хранение в архив Правительства Соединенных Штатов Америки, которое препровождает заверенные копии всем другим Правительствам, представленным на настоящей конференции.

FOR ARGENTINA:
POUR L'ARGENTINE:
ЗА АРГЕНТИНУ:
POR LA ARGENTINA:

FOR AUSTRALIA:
POUR L'AUSTRALIE:
ЗА АВСТРАЛИЮ:
POR AUSTRALIA:

Howard Beale.

FOR BELGIUM:
POUR LA BELGIQUE:
ЗА БЕЛЬГИЮ:
POR BELGICA:

FOR CHILE:
POUR LE CHILI:
ЗА ЧИЛИ:
POR CHILE:

FOR THE FRENCH REPUBLIC:
POUR LA REPUBLIQUE FRANCAISE:
ЗА ФРАНЦУЗСКУЮ РЕСПУБЛИКУ:
POR LA REPUBLICA FRANCESA:

FOR JAPAN:
POUR LE JAPON:
ЗА ЯПОНИЮ:
POR JAPON:

FOR NEW ZEALAND
POUR LA NOUVELLE-ZELANDE:
ЗА НОВУЮ ЗЕЛАНДИЮ:
POR NUEVA ZELANDIA:

FOR NORWAY
POUR LA NORVEGE:
ЗА НОРВЕГИЮ:
POR NORUEGA:

FOR THE UNION OF SOUTH AFRICA:
POUR L'UNION SUD-AFRICAINE:
ЗА ЮЖНО-АФРИКАНСКИЙ СОЮЗ:
POR LA UNION DEL AFRICA DEL SUR:

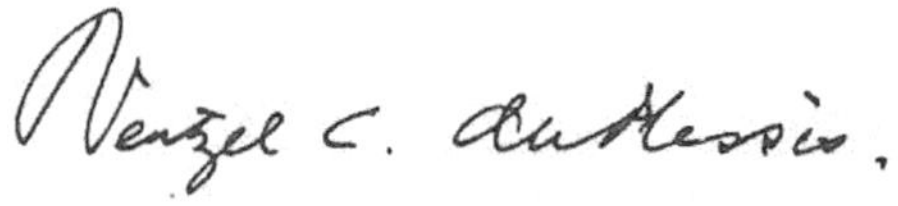

FOR THE UNION OF SOVIET SOCIALIST REPUBLICS:
POUR L'UNION DES REPUBLIQUES SOCIALISTES SOVIETIQUES:
ЗА СОЮЗ СОВЕТСКИХ СОЦИАЛИСТИЧЕСКИХ РЕСПУБЛИК:
POR LA UNION DE REPUBLICAS SOCIALISTAS SOVIETICAS:

В. Кузнецов

В. Бушуев

FOR THE UNITED KINGDOM OF GREAT BRITAIN AND NORTHERN IRELAND:
POUR LE ROYAUME-UNI DE GRANDE-BRETAGNE ET D'IRLANDE DU NORD:
ЗА СОЕДИНЕННОЕ КОРОЛЕВСТВО ВЕЛИКОБРИТАНИИ И СЕВЕРНОЙ ИРЛАНДИИ:
POR EL REINO UNIDO DE GRAN BRETANA E IRLANDA DEL NORTE:

Harold Caccia

FOR THE UNITED STATES OF AMERICA:
POUR LES ETATS-UNIS D'AMERIQUE:
ЗА СОЕДИНЕННЫЕ ШТАТЫ АМЕРИКИ:
POR LOS ESTADOS UNIDOS DE AMERICA:

Herman Phleger

Paul C. Daniels

I CERTIFY THAT the foregoing is a true copy of the Final Act of the Conference on Antarctica signed at Washington on December 1, 1959 in the English, French, Russian, and Spanish languages, the signed original of which is deposited in the archives of the Government of the United States of America.

IN TESTIMONY WHEREOF, I, CHRISTIAN A. HERTER, Secretary of State of the United States of America, have hereunto caused the seal of the Department of State to be affixed and my name subscribed by the Authentication Officer of the said Department, at the city of Washington, in the District of Columbia, this second day of December, 1959.

Secretary of State

By

Authentication Officer
Department of State

ДОГОВОР ОБ АНТАРКТИКЕ

Правительства Аргентины, Австралии, Бельгии, Чили, Французской Республики, Японии, Новой Зеландии, Норвегии, Южно-Африканского Союза, Союза Советских Социалистических Республик, Соединенного Королевства Великобритании и Северной Ирландии и Соединенных Штатов Америки,

Сознавая, что в интересах всего человечества Антарктика должна и впредь всегда использоваться исключительно в мирных целях и не должна стать ареной или предметом международных разногласий;

Признавая существенный вклад, внесенный в научные познания благодаря международному сотрудничеству в научных исследованиях в Антарктике;

Убежденные в том, что установление прочного фундамента для продолжения и развития такого сотрудничества на основе свободы научных исследований в Антарктике, как оно осуществлялось в течение Международного геофизического года, отвечает интересам науки и прогресса всего человечества;

Убежденные также в том, что договор, обеспечивающий использование Антарктики только в мирных целях и продолжение международного согласия в Антарктике, будет содействовать осуществлению целей и принципов Устава Организации Объединенных Наций;

Согласились о нижеследующем:

СТАТЬЯ I

I. Антарктика используется только в мирных целях. Запрещаются, в частности, любые мероприятия военного характера, такие как создание военных баз и укреплений, проведение военных маневров, а также испытания любых видов оружия.

2. Настоящий Договор не препятствует использованию военного персонала или оснащения для научных исследований или для любых других мирных целей.

СТАТЬЯ II

Свобода научных исследований в Антарктике и сотрудничество в этих целях, как они применялись в течение Международного геофизического года, будут продолжаться в соответствии с положениями настоящего Договора.

СТАТЬЯ III

I. Для содействия международному сотрудничеству в научных исследованиях в Антарктике, как это предусмотрено в Статье II настоящего Договора, Договаривающиеся Стороны соглашаются, что в максимально возможной и практически осуществимой степени:

a) производится обмен информацией относительно планов научных работ в Антарктике с тем, чтобы обеспечить максимальную экономию средств и эффективность работ;

b) производится обмен научным персоналом в Антарктике между экспедициями и станциями;

c) производится обмен данными и результатами научных наблюдений в Антарктике и обеспечивается свободный доступ к ним.

2. При выполнении настоящей Статьи всячески поощряется установление отношений делового сотрудничества с теми специализированными учреждениями Организации Объединенных Наций и другими международными организациями, для которых Антарктика представляет интерес в научном или техническом отношении.

СТАТЬЯ IV

I. Ничто содержащееся в настоящем Договоре не должно толковаться как:

a) отказ любой из Договаривающихся Сторон от ранее заявленных прав или претензий на территориальный суверенитет в Антарктике;

b) отказ любой из Договаривающихся Сторон от любой основы для претензии на территориальный суверенитет в Антарктике или сокращение этой основы, которую она может иметь в результате ее деятельности или деятельности ее граждан в Антарктике или по другим причинам;

c) наносящее ущерб позиции любой из Договаривающихся Сторон в отношении признания или непризнания ею права или претензии, или основы для претензии любого другого государства на территориальный суверенитет в Антарктике.

2. Никакие действия или деятельность, имеющие место пока настоящий Договор находится в силе, не образуют основы для заявления, поддержания или отрицания какой-либо претензии на территориальный суверенитет в Антарктике и не создают никаких прав суверенитета в Антарктике. Никакая новая претензия или расширение существующей претензии на территориальный суверенитет в Антарктике не заявляются пока настоящий Договор находится в силе.

СТАТЬЯ V

I. Любые ядерные взрывы в Антарктике и удаление в этом районе радиоактивных материалов запрещаются.

2. В случае заключения международных соглашений, в которых будут участвовать все Договаривающиеся Стороны, представители которых имеют право участвовать в совещаниях, предусмотренных Статьей IX, относительно использования ядерной энергии, включая ядерные взрывы и удаление радиоактивных отходов, в Антарктике будут применяться правила, установленные такими соглашениями.

СТАТЬЯ VI

Положения настоящего Договора применяются к району южнее 60 параллели южной широты, включая все шельфовые ледники, но ничто в настоящем Договоре не ущемляет и никоим образом не затрагивает прав любого государства или осуществления этих прав, признанных международным правом в отношении открытого моря, в пределах этого района.

СТАТЬЯ VII

I. Для содействия достижению целей и для обеспечения соблюдения положений настоящего Договора каждая Договаривающаяся Сторона, представители которой имеют право участвовать в совещаниях, предусмотренных в Статье IX настоящего Договора, имеет право назначать наблюдателей для проведения любой инспекции, предусмотренной настоящей Статьей. Наблюдатели должны быть гражданами тех Договаривающихся Сторон, которые их назначают. Фамилии наблюдателей сообщаются каждой из Договаривающихся Сторон, имеющей право назначать наблюдателей; подобное сообщение делается и об окончании срока их назначения.

2. Каждый наблюдатель, назначенный в соответствии с положениями пункта I настоящей Статьи, имеет полную свободу доступа в любое время в любой или все районы Антарктики.

3. Все районы Антарктики, включая все станции, установки и оборудование в этих районах, а также все морские и воздушные суда в пунктах разгрузки и погрузки груза или персонала в Антарктике всегда открыты для инспекции любыми наблюдателями, назначенными в соответствии с положениями пункта I настоящей Статьи.

4. Наблюдение с воздуха может производиться в любое время над любым или всеми районами Антарктики каждой Договаривающейся Стороной, имеющей право назначать наблюдателей.

5. Каждая из Договаривающихся Сторон по вступлении для нее в силу настоящего Договора информирует другие Договаривающиеся Стороны и в дальнейшем уведомляет их заблаговременно:

а) о всех экспедициях в Антарктику или в пределах Антарктики, совершаемых ее судами или гражданами, и всех экспедициях в Антарктику, организуемых на ее территории или направляющихся с ее территории;

b) о всех станциях в Антарктике, занимаемых ее гражданами;

c) о любом военном персонале или оснащении, предназначенном для направления ею в Антарктику с соблюдением условий, предусмотренных в пункте 2 Статьи I настоящего Договора.

СТАТЬЯ VIII

I. Для содействия осуществлению ими своих функций на основании настоящего Договора и без ущерба для соответствующей позиции каждой Договаривающейся Стороны относительно юрисдикции над всеми другими лицами в Антарктике, наблюдатели, назначенные в соответствии с положениями пункта I Статьи VII, и научный персонал, которым обмениваются согласно подпункту I (b) Статьи III Договора, а также персонал, сопровождающий любых таких лиц, находятся под юрисдикцией только той Договаривающейся Стороны, гражданами которой они являются, в отношении всех действий или упущений, имеющих место во время их пребывания в Антарктике для выполнения своих функций.

2. Без ущерба для положений пункта I настоящей Статьи и до принятия мер в соответствии с положениями подпункта I (e) Статьи IX заинтересованные Договаривающиеся Стороны в любом случае спора относительно осуществления юрисдикции в Антарктике немедленно консультируются между собой с целью достижения взаимоприемлемого решения.

СТАТЬЯ IX

I. Представители Договаривающихся Сторон, упомянутых в преамбуле настоящего Договора, соберутся в городе Канберре не позднее, чем через два месяца по вступлении в силу настоящего Договора, и будут собираться впоследствии через промежутки времени и в местах, которые будут ими определены, с целью обмена информацией, взаимных консультаций по вопросам Антарктики, представляющим общий интерес, а также разработки, рассмотрения и рекомендации своим правительствам мер, содействующих осуществлению принципов и целей настоящего Договора, включая меры относительно:

a) использования Антарктики только в мирных целях;

b) содействия научным исследованиям в Антарктике;

c) содействия международному научному сотрудничеству в Антарктике;

d) содействия осуществлению прав инспекции, предусмотренных в Статье VII настоящего Договора;

e) вопросов, касающихся осуществления юрисдикции в Антарктике;

f) охраны и сохранения живых ресурсов в Антарктике.

2. Каждая Договаривающаяся Сторона, которая стала участником настоящего Договора путем присоединения в соответствии с положениями Статьи XIII, имеет право назначать представителей для участия в совещаниях, упомянутых в пункте I настоящей Статьи, в течение того времени, пока эта Договаривающаяся Сторона проявляет свою заинтересованность в Антарктике проведением там существенной научно-исследовательской деятельности, такой как создание научной станции или посылка научной экспедиции.

3. Доклады наблюдателей, упомянутых в Статье VII настоящего Договора, направляются представителям Договаривающихся Сторон, участвующим в совещаниях, упомянутых в пункте I настоящей Статьи.

4. Меры, упомянутые в пункте I настоящей Статьи, вступают в силу по утверждении их всеми Договаривающимися Сторонами, представители которых имели право участвовать в совещаниях, созванных для рассмотрения этих мер.

5. Любое или все права́, установленные в настоящем Договоре, могут осуществляться со дня вступления в силу Договора независимо от того, были или не были какие-либо меры, содействующие осуществлению таких прав, предложены, рассмотрены или одобрены, как это предусмотрено в настоящей Статье.

СТАТЬЯ X

Каждая из Договаривающихся Сторон обязуется прилагать соответствующие усилия, совместимые с Уставом Организации Объединенных Наций, с тем, чтобы в Антарктике не проводилось какой-либо деятельности, противоречащей принципам или целям настоящего Договора.

СТАТЬЯ XI

I. В случае возникновения какого-либо спора между двумя или несколькими Договаривающимися Сторонами относительно толкования или применения настоящего Договора, эти Договаривающиеся Стороны консультируются между собой с целью разрешения спора путем переговоров, расследования, посредничества, примирения, арбитража, судебного разбирательства или другими мирными средствами по их собственному выбору.

2. Любой спор такого рода, который не будет разрешен указанным путем, передается, с согласия в каждом случае всех сторон, участвующих в споре, на разрешение в Международный Суд; однако, если не будет достигнута договоренность о передаче спора в Международный Суд, стороны, участвующие в споре, не освобождаются от обязанности продолжать поиски его разрешения любым из различных мирных средств, указанных в пункте I настоящей Статьи.

СТАТЬЯ XII

I. a) Настоящий Договор может быть изменен или в него может быть внесена поправка в любое время по согласию всех Договаривающихся Сторон, представители которых имеют право участвовать в совещаниях, предусмотренных Статьей IX. Любое такое изменение или любая такая поправка вступает в силу по получении правительством-депозитарием от всех таких Договаривающихся Сторон уведомления о ратификации.

b) Такое изменение или такая поправка затем вступает в силу в отношении любой другой Договаривающейся Стороны по получении от нее правительством-депозитарием уведомления о ратификации. Любая такая Договаривающаяся Сторона, от которой не получено уведомление о ратификации в течение двух лет со дня вступления в силу изменения или поправки в соответствии с положениями подпункта I (a) настоящей Статьи, рассматривается как вышедшая из Договора в день истечения этого срока.

2. a) Если по истечении тридцати лет со дня вступления в силу настоящего Договора любая из Договаривающихся Сторон, представители которой имеют право участвовать в совещаниях, преду-

смотренных Статьей IX, того потребует путем обращения, направленного правительству-депозитарию, то будет созвана так скоро, как это практически осуществимо, конференция всех Договаривающихся Сторон для рассмотрения вопроса о том, как действует Договор.

b) Любое изменение настоящего Договора или любая поправка к нему, которые одобрены на указанной конференции большинством представленных на ней Договаривающихся Сторон, включая большинство тех Сторон, представители которых имеют право участвовать в совещаниях, предусмотренных Статьей IX, доводятся правительством-депозитарием до сведения всех Договаривающихся Сторон немедленно по окончании конференции и вступают в силу в соответствии с положениями пункта I настоящей Статьи.

c) Если любое такое изменение или любая такая поправка не вступит в силу в соответствии с положениями подпункта I (a) настоящей Статьи в течение двух лет со дня уведомления всех Договаривающихся Сторон, любая Договаривающаяся Сторона может в любое время по истечении этого срока уведомить правительство-депозитария о своем выходе из настоящего Договора; такой выход из Договора приобретает силу по истечении двух лет со дня получения правительством-депозитарием этого уведомления.

СТАТЬЯ XIII

I. Настоящий Договор подлежит ратификации подписавшими его государствами. Договор открыт для присоединения к нему любого государства, являющегося членом Организации Объединенных Наций, или любого другого государства, которое может быть приглашено присоединиться к Договору с согласия всех Договаривающихся Сторон, представители которых имеют право участвовать в совещаниях, предусмотренных Статьей IX настоящего Договора.

2. Ратификация настоящего Договора или присоединение к нему осуществляется каждым государством в соответствии с его конституционной процедурой.

3. Ратификационные грамоты и акты о присоединении сдаются на хранение Правительству Соединенных Штатов Америки, которое является правительством-депозитарием.

4. Правительство-депозитарий уведомляет все государства, подписавшие Договор и присоединившиеся к нему, о дате сдачи на хранение каждой ратификационной грамоты или каждого акта о присоединении, а также о дате вступления в силу Договора и любого его изменения или любой поправки к нему.

5. По сдаче на хранение ратификационных грамот всеми подписавшими Договор государствами настоящий Договор вступит в силу для этих государств и для государств, которые сдали на хранение акты о присоединении. В дальнейшем Договор вступает в силу для любого присоединившегося государства по сдаче им на хранение акта о присоединении.

6. Настоящий Договор будет зарегистрирован правительством-депозитарием в соответствии с положениями Статьи 102 Устава Организации Объединенных Наций.

СТАТЬЯ XIV

Настоящий Договор, составленный на английском, французском, русском и испанском языках, причем каждый из текстов является равно аутентичным, будет сдан на хранение в архив Правительства Соединенных Штатов Америки, которое препровождает должным образом заверенные копии Договора Правительствам подписавших его или присоединившихся к нему государств.

ПРОТОКОЛ ПО ОХРАНЕ ОКРУЖАЮЩЕЙ СРЕДЫ

ЗАКЛЮЧИТЕЛЬНЫЙ АКТ ОДИННАДЦАТОГО СПЕЦИАЛЬНОГО КОНСУЛЬТАТИВНОГО СОВЕЩАНИЯ ДОГОВОРА ОБ АНТАРКТИКЕ

Заключительная сессия XI-го Специального Консультативного Совещания по Договору об Аптарктике состоялось в Мадриде с 3 по 4 октября 1991 года. В совещании, созванном в соответствии с рекомепдацией XV-1 участвовали представители Консультативных Сторон Договора об Антарктике (Австралия, Аргентипа, Бельгия, Бразилия, Великобритапия, Германия, Индия, Испания, Италия, Китай, Корейская Республика, Нидерланды, Новая Зелапдия, Норвегия, Соедипенные Штаты Америки, Перу, Польща, Союз Советских Социалистических Республик, Уругвай, Фипляндия, Фрапция, Чили, Швеция, Эквадор, Ю.А.Р. и Япония). В совещании приняли участие также делегации Договаривающихся Сторон, которые не являются Консультативными Сторонами (Австрия, Болгария, Венгрия, Греция, Дания, Канада, Колумбия, Корейская Народная Демократическая Республика, Куба, Румыния, Чехословакия и Швейцария). Представители международных правительственных и неправительственных организаций (Коалиция Антарктики и Южного Океана, Всемирная Метеорологическая Организация, Комиссия Европейских Сообществ, Комиссия по Сохранению Живых Морских Ресурсов Антарктики, Международный Союз по Сохранению Природы и Природных Ресурсов, Межправительственная Океанографическая Комиссия, Научный Комитет Исследований Антарктики) нрисутствовали на совещании в качестве наблюдателей.

Результатом обсуждения, отраженного в Заключительном отчете XI-го Специального Консультативного Совещания по Договору об Антарктике, стало нринятие Консультативными Сторонами Договора об Антарктике Протокола по охране окружающей среды к Договору об Антарктике на официальных языках Договора об Антарктике, текст которого прилагается к настоящему Заключительному Акту, а также четырех Приложений к Протоколу, составляющих его неотъемлемую часть, а именно: Приложение I по Оценке воздействия на окружающую среду, Приложение II по Сохранению антарктической флоры и фауны, Приложение III по Удалению и управлению ликвидацией отходов, Приложение IV но Предотвращению загрязнения морской среды. Протокол предусматривает возможпость нринятия донолнительных приложений.

Протокол предусматривает, что он будет открыт для нодписания в Мадриде 4 октября 1991 года и нозже в Ващингтове до 3 октября 1992 года.

В Протоколе Стороны берут на себя ответственность за всеобъемлющую охрану окружающей среды Антарктики и зависящих от нее и связанных с ней экосистем и онределяют Антарктику в качестве природного заповедника, нредназначенного для мира и науки.

В этом контексте Совещание договорилось о том, что до вступления в силу настоящего Протокола, которое должно произойти как можно скорее, сохранить ограничения, существующие в отношении деятельности по освоению минеральных ресурсов Антарктики.

Совещание отметило, что использование льда не является деятельностью но освоению минеральных ресурсов Антарктики, исходя из этого было достигнуто соглашение, что, если использование льда станет в будущем возможным, то подразумевается, что на него будут распространяться положения настоящего Протокола за исключением его Статьи 7.

Совещание отметило, что ничто в настоящем Протоколе не наносит ущерба правам и обязательствам Сторон Конвенции о Сохранении Морских Живых Ресурсов Антарктики, Конвенции о Сохранении Антарктических Тюленей и Международной Конвенции но Регулированию Китобойного Промысла.

В отношении деятельности, упомянутой в Статье 8, Совещание отметило, что не имелось в виду, что такая деятельность должна включать деятельность, осуществляемую в районе действия Договора об Антарктике в соответствии с Конвенцией о Сохранении Морских Живых Ресурсов Антарктики или Конвенцией о Сохранении Антарктических Тюленей.

Совещание подчеркнуло содержащееся в Статье 16 обязательство Сторон Протокола разработать правила и процедуры, касающиеся материальной ответственности за ущерб, возникающий в результате деятельности в районе действия Договора об Антарктике и подпадающей под действие Протокола, имея в виду закрепить их в одном или нескольких Приложениях, и выразило желание, чтобы работа по их разработке началась как можно скорее. В этой связи было достигнуто понимание, что вопрос о материальной ответственности за ущерб окружающей среде Антарктики следует включить в разработку этих правил и процедур.

В отношении компетенции Арбитражного Трибунала согласно Статьям 19 и 20 Протокола выносить решение по любому вопросу, Совещание отметило наличие понимания в том, что Трибунал не будет принимать решений относительно ущерба до тех пор, пока не вступит в силу юридически обязательный режим посредством принятия Приложения или Приложений в соответствии со Статьей 16.

В отношении Статьи 18 Совещание согласилось, что должна быть разработана процедура запросов для упрощения разрешения споров, касающихся толкования или применения Статьи 3 в отношении осуществляемых или планируемых видов деятельности в районе действия Договора об Антарктике.

Совещание признало, что, хотя оговорки к Протоколу не допускаются, это не исключает того, что при подписании, ратификации, одобрении или присоединении к Протоколу любое государство может делать декларации и заявления в любой формулировке и под любым названием с целью, inter alia, приведения своих законов и правил в соответствие с Протоколом, при условии, что такие декларации или заявления не имеют целью исключить или изменить правовые последствия применения Протокола к этому государству.

Совещание согласилось, что содержание настоящего Заключительного Акта не наносит ущерба правовой позиции любой Стороны в соответствии со Статьей IV Договора об Антарктике.

Совещание согласилось о желательности обеспечить эффективное претворение в жизнь положений настоящего Протокола уже в ближайшее время. Совещание согласилось, что до вступления в силу Протокола желательно, чтобы все Консультативные Стороны Договора об Антарктике применяли положения Приложения I - IV в соответствии со своими правовыми системами и насколько это представляется возможным и самостоятельно предпринимали необходимые шаги для скорейшего осуществления этого.(Австрия, Греция, Чили и Швейцария сделали заявления. Эти заявления прилагаются к настоящему Акту).

Совершено в Мадриде четвертого октября 1991 года в единственном экземпляре на четырех языках Договора об Антарктике, который будет сдан на хранение в архивы Правительства Соединенных Штатов Америки, которое передаст заверенную копию подлинника настоящего Протокола всем Договаривающимся Сторонам Договора об Антарктике.

Протокол по охране окружающей среды к Договору об Антарктике

ПРЕАМБУЛА

Государства-участники настоящего Протокола к Договору об Антарктике, в дальнейшем именуемые Сторонами, убежденные в необходимости усиления охраны окружающей среды Антарктики и зависящих от нее и связанных с ней экосистем; убежденные в необходимости укрепления системы Договора об Антарктике для обеспечения того, чтобы Антарктика и впредь всегда использовалась исключительно в мирных целях и не стала ареной или предметом международных разногласий; учитывая особый правовой и политический статус Антарктики и ответственность Консультативных Сторон Договора об Антарктике за обеспечение того, чтобы любая деятельность в Антарктике соответствовала целям и принципам Договора об Антарктике; напоминая об определении Антарктики как Особо Сохраняемого Района и других мерах, принятых в рамках системы Договора об Антарктике, по охране окружающей среды Антарктики и зависящих от нее и связанных с ней экосистем; признавая далее имеющиеся в Антарктике уникальные возможности для проведения научного мониторинга и исследований процессов, имеющих как глобальное, так и региональное значение; подтверждая принципы сохранения, содержащиеся в Конвенции о сохранении морских живых ресурсов Антарктики; убежденные, что разработка всеобъемлющего режима охраны окружающей среды Антарктики и зависящих от нее и связанных с ней экосистем отвечает интересам человечества в целом; желая с этой целью дополнить Договор об Антарктике; согласились о нижеследующем:

Статья 1
Определения

Для целей настоящего Протокола:

(a) "Договор об Антарктике" означает Договор об Антарктике, заключенный в Вашингтоне 1 декабря 1959 года;

(b) "Район действия Договора об Антарктике" означает район, на который распространяются положения Договора об Антарктике в соответствии со Статьей VI этого Договора;

(c) "Консультативное совещание по Договору об Антарктике" означает совещания, упомянутые в Статье IX Договора об Антарктике;

(d) "Консультативные Стороны Договора об Антарктике" означает Договаривающиеся Стороны Договора об Антарктике, имеющие право назначать представителей для участия в совещаниях, упомянутых в Статье IX этого Договора;

(e) "Система Договора об Антарктике" означает Договор об Антарктике, действующие в рамках этого Договора меры, связанные с ним отдельные действующие международные документы и действующие в рамках этих документов меры;

(f) "Арбитражный трибунал" означает Арбитражный трибунал, учрежденный в соответствии с Дополнением к настоящему Протоколу, которое составляет его неотъемлемую часть;

(g) "Комитет" означает Комитет по охране окружающей среды, учрежденный в соответствии со Статьей 11.

Статья 2
Цель и назначение

Стороны берут на себя ответственность за всеобъемлющую охрану окружающей среды Антарктики и зависящих от нее и связанных с ней экосистем и настоящим определяют Антарктику в качестве природного заповедника, предназначенного для мира и науки.

Статья 3
Природоохранные принципы

1. Охрана окружающей среды Антарктики и зависящих от нее и связанных с ней экосистем и непреходящая ценность Антарктики, включая первозданность ее природы и ее эстетическую ценность и значимость как района проведения научных исследований, в частности исследований, необходимых для понимания глобальной окружающей среды, должны являться одним из основных факторов, принимаемых во внимание при планировании и осуществлении любой деятельности в районе действия Договора об Антарктике.

2. С этой целью:

(a) деятельность в районе действия Договора об Антарктике должна планироваться и осуществляться таким образом, чтобы ограничить отрицательные воздействия на окружающую среду Антарктики и зависящие от нее и связанные с ней экосистемы;

(b) деятельность в районе действия Договора об Антарктике должна планироваться и осуществляться таким образом, чтобы избегать:
- (i) отрицательных влияний на характер климата и погоды;
- (ii) значительных отрицательных влияний на качество воздуха и воды;
- (iii) значительных изменений в атмосферной, наземной (включая водную), ледовой или морской средах;
- (iv) вредных изменений в распределении, количестве или продуктивности видов или популяций видов фауны и флоры;
- (v) дальнейшей опасности для уже находящихся под угрозой исчезновения видов или популяций таких видов; или
- (vi) ухудшения или существенного риска для районов биологического, научного, исторического, эстетического значения или имеющих значение ввиду первозданности природы;

(c) деятельность в районе действия Договора об Антарктике должна планироваться и осуществляться на основе информации, достаточной для проведения предварительных оценок и вынесения обоснованных заключений о ее возможных воздействиях на окружающую среду Антарктики и зависящие от нее и связанные с ней экосистемы, а также на значимость Антарктики для проведения научных исследований; такие заключения должны в полной мере учитывать:
- (i) масштабы конкретной деятельности, включая ее район, продолжительность и интенсивность;

(ii) кумулятивное воздействие конкретной деятельности как самой по себе, так и в сочетании с другими видами деятельности в районе действия Договора об Антарктике;

(iii) будет ли конкретная деятельность негативно влиять на любую другую деятельность в районе действия Договора об Антарктике;

(iv) имеются ли технология и процедуры для обеспечения экологически безопасных операций;

(v) существует ли возможность мониторинга ключевых параметров окружающей среды и компонентов экосистем для определения и обеспечения раннего оповещения о любых отрицательных влияниях конкретной деятельности и обеспечения такого изменения процедур проведения операций, какое может быть необходимо в свете результатов мониторинга или расширения знаний об окружающей среде Антарктики и зависящих от нее и связанных с ней экосистемах; и

(vi) имеется ли способность незамедлительного и эффективного реагирования на аварии, особенно те, которые потенциально могут влиять на окружающую среду;

(d) должен проводиться постоянный и эффективный мониторинг для осуществления оценки воздействия ведущейся деятельности, включая проверку прогнозированных воздействий;

(e) должен проводиться постоянный и эффективный мониторинг для облегчения раннего выявления возможных непредвиденных последствий деятельности, осуществляемой как в районе действия Договора об Антарктике, так и за его пределами, для окружающей среды Антарктики и зависящих от нее и связанных с ней экосистем.

3. Деятельность должна планироваться и осуществляться в районе действия Договора об Антарктике таким образом, чтобы отдавать приоритетное значение научной деятельности и сохранять значимость Антарктики как района проведения таких исследований, включая исследования, необходимые для понимания глобальной окружающей среды.

4. Деятельность, осуществляемая в районе действия Договора об Антарктике в соответствии с научно-исследовательскими программами, туризмом и всеми другими видами правительственной и неправительственной деятельности в районе действия Договора об Антарктике, в отношении которых требуется заблаговременное уведомление в соответствии со Статьей VII (5) Договора об Антарктике, включая связанную с ними вспомогательную логистическую деятельность, должна:

(a) осуществляться в соответствии с принципами, изложенными в настоящей Статье; и

(b) изменяться, приостанавливаться или прекращаться, если она воздействует или создает угрозу воздействия на окружающую среду Антарктики или зависящие от нее или связанные с ней экосистемы несовместимым с этими принципами образом.

Статья 4
Взаимосвязь с другими компонентами системы Договора об Антарктике

1. Настоящий Протокол дополняет Договор об Антарктике и не изменяет его и не вносит в этот Договор поправки.

2. Ничто в настоящем Протоколе не ущемляет прав и обязательств Сторон настоящего Протокола по другим действующим международным документам в рамках системы Договора об Антарктике.

Статья 5
Соответствие другим компонентам системы Договора об Антарктике

Стороны консультируются и сотрудничают с Договаривающимися Сторонами других действующих международных документов в рамках системы Договора об Антарктике и их соответствующими органами с целью обеспечить достижение целей и соблюдение принципов настоящего Протокола и избегать создания любых препятствий в достижении целей и соблюдении принципов этих документов или любого несоответствия между осуществлением этих документов и настоящего Протокола.

Статья 6
Сотрудничество

1. Стороны сотрудничают при планировании и осуществлении деятельности в районе действия Договора об Антарктике. С этой целью каждая Сторона прилагает усилия к тому, чтобы:

(a) осуществлять совместные программы, имеющие научное, техническое и образовательное значение, по охране окружающей среды Антарктики и зависящих от нее и связанных с ней экосистем;
(b) предоставлять соответствующую помощь другим Сторонам в подготовке оценок воздействия на окружающую среду;
(c) по запросу предоставлять другим Сторонам информацию, касающуюся любой потенциальной опасности для окружающей среды, и оказывать содействие в сведении к минимуму последствий аварий, которые могут нанести ущерб окружающей среде Антарктики или зависящим от нее и связанным с ней экосистемам;
(d) консультироваться с другими Сторонами в отношении выбора мест для размещения будущих станций или средств обслуживания, чтобы избегать кумулятивного воздействия, вызванного их избыточной концентрацией в любом месте;
(e) где это целесообразно, проводить совместные экспедиции и совместно использовать станции и другие средства обслуживания; и
(f) предпринимать такие шаги, которые могут быть согласованы на Консультативных совещаниях по Договору об Антарктике,

2. Каждая Сторона, по мере возможности, предоставляет информацию, которая может быть полезной другим Сторонам при планировании и осуществлении их деятельности в районе действия Договора об Антарктике, с целью охраны окружающей среды Антарктики и зависящих от нее и связанных с ней экосистем.

3. Стороны сотрудничают с теми Сторонами, которые могут осуществлять юрисдикцию в районах, примыкающих к району действия Договора об Антарктике, с целью обеспечения того, чтобы деятельность в районе действия Договора об Антарктике не оказывала вредного воздействия на окружающую среду в этих районах.

Статья 7
Запрещение деятельности, связанной с минеральными ресурсами

Любая деятельность, связанная с минеральными ресурсами, за исключением научных исследований, запрещается.

Статья 8
Оценка воздействия на окружающую среду

1. На предлагаемую деятельность, упомянутую в пункте 2 ниже, распространяются установленные в Приложении 1 процедуры предварительной оценки воздействия этой деятельности на окружающую среду Антарктики или на зависящие от нее или связанные с ней экосистемы согласно тому, определяется ли эта деятельность как:

(a) имеющая менее чем незначительное или ограниченное по времени воздействие;
(b) имеющая незначительное или ограниченное по времени воздействие; или
(c) имеющая более чем незначительное или ограниченное по времени воздействие.

2. Каждая Сторона обеспечивает применение установленных в Приложении 1 процедур оценки воздействия в процессе планирования, предшествующего принятию решений относительно любой деятельности в районе действия Договора об Антарктике в соответствии с научно-исследовательскими программами, туризмом и всеми другими видами правительственной и неправительственной деятельности в районе действия Договора об Антарктике, в отношении которых требуется заблаговременное уведомление в соответствии со Статьей Vll(5) Договора об Антарктике, включая связанную с ними вспомогательную логистическую деятельность.

3. Процедуры оценки воздействия, установленные в Приложении 1, применяются к любому изменению деятельности независимо от того, возникает ли изменение вследствие увеличения или уменьшения интенсивности существующей деятельности, добавления вида деятельности, прекращения действия средств обслуживания или в других случаях.

4. В случаях, когда деятельность планируется совместно более чем одной Стороной, участвующие Стороны назначают одну из них координатором претворения в жизнь процедур оценки воздействия на окружающую среду, установленных в Приложении 1.

Статья 9
Приложения

1. Приложения к настоящему Протоколу составляют его неотъемлемую часть.

2. Приложения, дополнительные к Приложениям I-IV, могут одобряться и вступать в силу в соответствии со Статьей IX Договора об Антарктике.

3. Поправки и изменения к Приложениям могут одобряться и вступать в силу в соответствии со Статьей IX Договора об Антарктике при том понимании, что любое Приложение может само предусматривать процедуру ускоренного вступления в силу поправок и изменений.

4. Приложения и любые поправки и изменения к ним, вступившие в силу в соответствии с пунктами 2 и 3 выше, если само Приложение не предусматривает иного в отношении вступления в силу любой поправки или изменения к нему, вступают в силу в отношении Договаривающейся Стороны Договора об Антарктике, которая не является Консультативной Стороной Договора об Антарктике или которая не являлась Консультативной Стороной Договора об Антарктике в момент одобрения, когда уведомление о принятии этой Договаривающейся Стороной получено Депозитарием.

5. Если в самом Приложении не предусмотрено иного, на него распространяются процедуры урегулирования споров, установленные в Статьях 18-20.

Статья 10
Консультативные совещания по Договору об Антарктике

1. Консультативные совещания по Договору об Антарктике, руководствуясь имеющимися наилучшими научными и техническими рекомендациями:

(a) определяют в соответствии с положениями настоящего Протокола общую политику по всеобъемлющей охране окружающей среды Антарктики и зависящих от нее и связанных с ней экосистем; и

(b) принимают меры в соответствии со Статьей IX Договора об Антарктике для осуществления настоящего Протокола.

2. Консультативные совещания по Договору об Антарктике рассматривают работу Комитета и в полной мере учитывают его соображения и рекомендации при выполнении задач, упомянутых в пункте 1 выше, а также мнение Научного комитета по антарктическим исследованиям.

Статья 11
Комитет по охране окружающей среды

1. Настоящим учреждается Комитет по охране окружающей среды.

2. Каждая Сторона имеет право быть членом Комитета и назначать представителя, которого могут сопровождать эксперты и советники.

3. Статус наблюдателя в Комитете открыт для любой Договаривающейся Стороны Договора об Антарктике, которая не является Стороной настоящего Протокола.

4. Комитет приглашает для участия в качестве наблюдателей на свои заседания председателя Научного комитета по антарктическим исследованиям и председателя Научного комитета по сохранению морских живых ресурсов Антарктики. Комитет может также с одобрения Консультативного совещания по Договору об Антарктике приглашать для участия в качестве наблюдателей на свои заседания другие соответствующие научные, природоохранные и технические организации, которые могут содействовать его работе.

5. Комитет представляет отчет Консультативному совещанию по Договору об Антарктике о каждом из своих заседаний. Отчет охватывает все вопросы, рассмотренные на заседании, и отражает все высказанные мнения. Отчет направляется Сторонам и наблюдателям, присутствующим на этом заседании, после чего он делается общедоступным.

6. Комитет принимает свои правила процедуры, которые подлежат одобрению Консультативным совещанием по Договору об Антарктике.

Статья 12
Функции Комитета

1. Функциями Комитета являются представление соображений и формулирование рекомендаций Сторонам в связи с осуществлением настоящего Протокола, включая действие его Приложений, для рассмотрения на Консультативных совещаниях по Договору об Антарктике и выполнение других функций, которые могут быть возложены на него Консультативным совещанием по Договору об Антарктике. В частности, он представляет соображения в отношении:

(a) эффективности мер, принимаемых в соответствии с настоящим Протоколом;
(b) необходимости совершенствования, усиления или иного улучшения таких мер;
(c) необходимости в дополнительных мерах, включая дополнительные Приложения, где это целесообразно;
(d) применения и осуществления процедур оценки воздействия на окружающую среду, установленных в Статье 8 и Приложении 1;
(e) средств уменьшения или ослабления воздействия деятельности в районе действия Договора об Антарктике;
(f) процедур для ситуаций, требующих неотложных действий, включая ответные действия в чрезвычайных экологических ситуациях;
(g) действия и дальнейшей разработки системы Особо Охраняемых Районов Антарктики;
(h) процедур инспекции, включая форматы инспекционных отчетов и контрольные листы для проведения инспекций;
(i) сбора, хранения, обмена и оценки информации, связанной с охраной окружающей среды;
(j) состояния окружающей среды Антарктики; и
(k) необходимости проведения научных исследований, включая мониторинг окружающей среды, связанных с осуществлением настоящего Протокола.

2. При осуществлении своих функций Комитет в надлежащих случаях консультируется с Научным комитетом по антарктическим исследованиям, Научным комитетом по сохранению морских живых ресурсов Антарктики и с другими соответствующими научными, природоохранными и техническими организациями.

Статья 13
Соблюдение настоящего Протокола

1. Каждая Сторона в пределах своей компетенции принимает соответствующие меры, включая принятие законов и правил, административные акты и принудительные меры, необходимые для обеспечения соблюдения настоящего Протокола.

2. Каждая Сторона прилагает надлежащие усилия, совместимые с Уставом Организации Объединенных Наций, с тем, чтобы никто не осуществлял деятельность, противоречащую настоящему Протоколу.

3. Каждая Сторона уведомляет все другие Стороны о мерах, принятых в соответствии с пунктами 1 и 2 выше.

4. Каждая Сторона обращает внимание всех других Сторон на любую деятельность, которая, по ее мнению, наносит ущерб осуществлению целей и принципов настоящего Протокола.

5. Консультативные совещания по Договору об Антарктике обращают внимание любого государства, не являющегося Стороной настоящего Протокола, на любую деятельность, осуществляемую этим государством, его органами, учреждениями, физическими или юридическими лицами, морскими, воздушными судами или другими транспортными средствами, которая наносит ущерб осуществлению целей и принципов настоящего Протокола.

Статья 14
Инспекция

1. Для содействия охране окружающей среды Антарктики и зависящих от нее и связанных с ней экосистем и обеспечения соблюдения настоящего Протокола Консультативные Стороны Договора об Антарктике организуют, индивидуально или коллективно, инспекции наблюдателями в соответствии со Статьей VII Договора об Антарктике.

2. Наблюдателями считаются:

(a) наблюдатели, назначаемые любой Консультативной Стороной Договора об Антарктике, которые являются ее гражданами; и

(b) любые наблюдатели, назначаемые на Консультативных совещаниях по Договору об Антарктике, для проведения инспекций в соответствии с процедурами, устанавливаемыми Консультативным совещанием по Договору об Антарктике.

3. Стороны в полной мере сотрудничают с наблюдателями, проводящими инспекции, и обеспечивают во время инспекций доступ наблюдателям ко всем частям станций, установкам, оборудованию, морским и воздушным судам, открытым для инспекций в соответствии со Статьей VII (3) Договора об Антарктике, а также ко всем ведущимся там записям, которые требуются в соответствии с настоящим Протоколом.

4. Отчеты инспекций направляются Сторонам, чьи станции, установки, оборудование, морские и воздушные суда упомянуты в отчетах. После того как этим Сторонам предоставлена возможность сделать свои замечания, отчеты с любыми замечаниями по ним рассылаются всем Сторонам и Комитету, рассматриваются на следующем Консультативном совещании по Договору об Антарктике и после чего делаются общедоступными.

Статья 15
Ответные действия в чрезвычайных ситуациях

1. В целях реагирования на чрезвычайные экологические ситуации в районе действия Договора об Антарктике каждая Сторона соглашается:

(a) обеспечивать незамедлительные и эффективные ответные действия в отношении таких чрезвычайных ситуаций, которые могут возникнуть в связи с осуществлением научно-исследовательских программ, туризмом и всеми другими видами правительственной и неправительственной деятельности в районе действия Договора об Антарктике, в отношении которых требуется заблаговременное уведомление в соответствии со Статьей VII (5) Договора об Антарктике, включая связанную с ними вспомогательную логистическую деятельность; и

(b) составлять планы действий в чрезвычайных ситуациях для реагирования на случаи, имеющие потенциальное отрицательное влияние на окружающую среду Антарктики или зависящие от нее и связанные с ней экосистемы.

2. С этой целью Стороны:

(a) сотрудничают в составлении и осуществлении таких планов действий в чрезвычайных ситуациях; и

(b) устанавливают процедуры для немедленного уведомления и совместных ответных действий в чрезвычайных экологических ситуациях.

3. При осуществлении настоящей Статьи Стороны учитывают рекомендации соответствующих международных организаций.

Статья 16
Материальная ответственность

В соответствии с целями настоящего Протокола по всеобъемлющей охране окружающей среды Антарктики и зависящих от нее и связанных с ней экосистем Стороны разработают правила и процедуры, касающиеся материальной ответственности за ущерб, возникающий в результате деятельности в районе действия Договора об Антарктике, на которую распространяется настоящий Протокол. Такие правила и процедуры будут включены в одно или более Приложений, принимаемых в соответствии со Статьей 9(2).

Статья 17
Ежегодный отчет Сторон

1. Каждая Сторона ежегодно отчитывается о шагах, предпринятых по осуществлению настоящего Протокола. Такие отчеты включают уведомления, сделанные в соответствии со Статьей 13(3), планы действий в чрезвычайных ситуациях, подготовленные в соответствии со Статьей 15, и любые другие уведомления и информацию, требуемые в соответствии с настоящим Протоколом, если в отношении их не действуют другие положения, касающиеся распространения и обмена информацией.

2. Отчеты, составленные в соответствии с пунктом 1 выше, направляются всем Сторонам и Комитету, рассматриваются на следующем Консультативном совещании по Договору об Антарктике и делаются общедоступными.

Статья 18
Урегулирование споров

В случае возникновения спора в отношении толкования или применения настоящего Протокола стороны в споре, по просьбе любой из них, консультируются между собой в возможно короткий срок с целью урегулирования спора путем переговоров, обследования, посредничества, примирения, арбитража, судебного разбирательства или других мирных средств, на которые согласятся стороны в споре.

Статья 19
Выбор процедуры урегулирования споров

1. Каждая Сторона при подписании, ратификации, принятии, одобрении или присоединении к настоящему Протоколу или в любое время после этого может выбрать путем подачи письменного заявления одно или оба из следующих средств урегулирования споров в отношении толкования или применения Статей 7, 8 и 15 и, если Приложение не предусматривает иного, положений любого Приложения, а также Статьи 13 в той части, в которой она касается этих Статей и положений:

(a) Международный Суд ООН;

(b) Арбитражный трибунал.

2. Заявление, сделанное согласно пункту 1 выше, не затрагивает действия Статьи 18 и Статьи 20(2).

3. Сторона, не сделавшая заявление согласно пункту 1 выше или в отношении которой заявление утратило силу, считается признавшей компетенцию Арбитражного трибунала.

4. В случае, если стороны в споре приняли одно и то же средство урегулирования спора, он может быть передан на рассмотрение только по этой процедуре, если только стороны не согласятся об ином.

5. В случае, если стороны в споре не приняли одно и то же средство урегулирования спора или если обе стороны приняли оба средства, спор может быть передан на рассмотрение только Арбитражного трибунала, если стороны не согласятся об ином.

6. Заявление, сделанное согласно пункту 1 выше, остается в силе до истечения срока его действия в соответствии с условиями этого заявления или до истечения трех месяцев с того момента, как письменное уведомление о его отзыве было сдано на хранение Депозитарию.

7. Новое заявление, уведомление об отзыве или истечение срока действия заявления никоим образом не затрагивают дел, рассматривающихся Международным Судом ООН или Арбитражным трибуналом, если стороны в споре не согласятся об ином.

8. Заявления и уведомления, упомянутые в настоящей Статье, сдаются на хранение Депозитарию, который рассылает их копии всем Сторонам.

Статья 20
Процедуры урегулирования споров

1. Если стороны в споре относительно толкования или применения Статей 7, 8 и 15 или, если Приложение не предусматривает иного, положений любого Приложения и Статьи 13 в той части, в которой она касается этих Статей и положений, не пришли к соглашению относительно выбора средств его урегулирования в течение 12 месяцев с момента просьбы о консультации в соответствии со Статьей 18, спор по просьбе любой из сторон в споре передается для урегулирования в соответствии с процедурой, определенной на основании Статьи 19(4) и (5).

2. Арбитражный трибунал не обладает компетенцией выносить решения или высказываться в отношении любых вопросов, подпадающих под Статью IV Договора об Антарктике. Кроме того, ничто в настоящем Протоколе не должно толковаться как наделяющее Международный Суд ООН или любой другой трибунал, учрежденный с целью урегулирования споров между Сторонами, компетенцией или юрисдикцией

выносить решения или высказываться иным способом по любым вопросам, подпадающим под Статью IV Договора об Антарктике.

Статья 21
Подписание

Настоящий Протокол открыт для подписания в Мадриде 4 октября 1991 года и затем в Вашингтоне до 3 октября 1992 года любым государством, являющимся Договаривающейся Стороной Договора об Антарктике.

Статья 22
Ратификация, принятие, одобрение или присоединение

1. Настоящий Протокол подлежит ратификации, принятию или одобрению подписавшими его государствами.
2. После 3 октября 1992 года настоящий Протокол открыт для присоединения любого государства, являющегося Договаривающейся Стороной Договора об Антарктике.
3. Ратификационные грамоты и документы о принятии, одобрении или присоединении сдаются на хранение Правительству Соединенных Штатов Америки, которое настоящим назначается Депозитарием.
4. После даты вступления в силу настоящего Протокола Консультативные Стороны Договора об Антарктике не будут предпринимать действий по получении уведомления, касающегося права Договаривающейся Стороны Договора об Антарктике назначать представителей для участия в Консультативных совещаниях по Договору об Антарктике в соответствии со Статьей IX(2) Договора об Антарктике, если эта Договаривающаяся Сторона до этого не ратифицировала, приняла, одобрила или присоединилась к настоящему Протоколу.

Статья 23
Вступление в силу

1. Настоящий Протокол вступает в силу на тридцатый день после сдачи на хранение ратификационных грамот, документов о принятии, одобрении или присоединении всеми государствами, являющимися Консультативными Сторонами Договора об Антарктике на дату одобрения настоящего Протокола*.

2. Для каждой Договаривающейся Стороны Договора об Антарктике, которая после даты вступления настоящего Протокола в силу сдает на хранение ратификационную грамоту, документ о принятии, одобрении или присоединении, настоящий Протокол вступает в силу на тридцатый день после сдачи на хранение таких документов.

Статья 24
Оговорки

Оговорки к настоящему Протоколу не разрешаются.

Статья 25
Изменения или поправки

1. Не нарушая положений Статьи 9, настоящий Протокол может быть изменен или в него может быть внесена поправка в любое время в соответствии с процедурами, установленными в Статье XII(1) (a) и (b) Договора об Антарктике.

2. Если по истечении 50 лет со дня даты вступления в силу настоящего Протокола любая из Консультативных Сторон Договора об Антарктике того потребует путем обращения к Депозитарию, то будет созвана так скоро, как это практически осуществимо, конференция для рассмотрения вопроса о том, как действует настоящий Протокол.

3. Изменение или поправка, предложенные на любой конференции по обзору действия, созванной в соответствии с пунктом 2 выше, одобряются большинством Сторон, включая 3/4 государств, являющихся Консультативными Сторонами Договора об Антарктике на момент одобрения настоящего Протокола.

4. Изменение или поправка, одобренные в соответствии с пунктом 3 выше, вступают в силу после ратификации, принятия, одобрения и присоединения 3/4 Консультативных Сторон Договора об Антарктике, включая ратификацию, принятие, одобрение и присоединение всеми государствами, являющимися Консультативными Сторонами Договора об Антарктике на момент одобрения настоящего Протокола.

5. (a) В том, что касается Статьи 7, то содержащийся в ней запрет на деятельность, связанную с минеральными ресурсами Антарктики, продолжается до тех пор, пока не вступит в силу юридически обязательный режим в отношении освоения минеральных ресурсов Антарктики, включающий согласованные средства для определения того, приемлема ли любая такая деятельность, и если да, то на каких условиях. Этот режим должен полностью сохранять интересы всех государств, указанных в Статье IV Договора об Антарктике, и применять содержащиеся в ней принципы. В связи с этим, если изменение или поправка к Статье 7 предлагаются на конференции по обзору действия, упоминаемой в пункте 2 выше, они должны включать такой юридически обязательный режим.

(b) Если любое такое изменение или поправка не вступают в силу в течение трех лет после даты их принятия, любая Сторона может в любое время после этого уведомить Депозитария о своем выходе из настоящего Протокола, и этот выход вступает в силу через два года после получения уведомления Депозитарием.

Статья 26
Уведомление Депозитарием

Депозитарий уведомляет все Договаривающиеся Стороны Договора об Антарктике:

(a) о подписании настоящего Протокола и сдаче на хранение ратификационных грамот, документов о принятии, одобрении или присоединении;

(b) о дате вступления в силу настоящего Протокола и любого дополнительного Приложения к нему;

(c) о дате вступления в силу любого изменения или поправки к настоящему Протоколу; и

(d) о сдаче на хранение заявлений и уведомлений в соответствии со Статьей 19;

(e) любое уведомление, полученное в соответствии со Статьей 25(5) (b).

Статья 27
Аутентичные тексты и регистрация в Организации Объединенных Наций

1. Настоящий Протокол, английский, испанский, русский и французский тексты которого являются равно аутентичными, сдается на хранение в архивы Правительства Соединенных Штатов Америки, которое препровождает его должным образом заверенные копии всем Договаривающимся Сторонам Договора об Антарктике.

2. Настоящий Протокол будет зарегистрирован Депозитарием в соответствии со Статьей 102 Устава Организации Объединенных Наций.

ДОПОЛНЕНИЕ К ПРОТОКОЛУ
АРБИТРАЖ

Статья 1

1. Арбитражный трибунал учреждается и функционирует в соответствии с настоящим Протоколом, включая настоящее Дополнение.

2. Секретарь, упомянутый в настоящем Дополнении, является Генеральным Секретарем Постоянной палаты арбитражного суда.

Статья 2

1. Каждая Договаривающаяся Сторона имеет право назначить до трех арбитров, по меньшей мере один из которых назначается в течение трех месяцев с момента вступления настоящего Протокола в силу для этой Стороны. Каждый арбитр должен иметь опыт в делах, касающихся Антарктики, иметь углубленное знание международного права и пользоваться самой высокой репутацией справедливого, компетентного и честного лица. Имена лиц, назначенных таким образом, составляют список арбитров. Каждая Сторона в любой период времени имеет в списке имя по меньшей мере одного арбитра.

2. При условии соблюдения пункта 3 ниже имя назначенного Стороной арбитра остается в списке в течение пятилетнего срока и он может быть вновь назначен этой Стороной на дополнительные пятилетние сроки.

3. Имя любого арбитра может быть изъято из списка назначившей его Стороной. В случае смерти арбитра или в случае изъятия по каким-либо причинам имени арбитра из списка назначившей его Стороной Сторона, назначившая данного арбитра, незамедлительно извещает Секретаря. Арбитр, имя которого изъято из списка, продолжает исполнять свои обязанности в любом Арбитражном трибунале, в состав которого он был включен, до завершения разбирательства в этом Арбитражном трибунале.

4. Секретарь обеспечивает наличие действительного на сегодняшний день списка арбитров, назначенных в соответствии с настоящей Статьей.

Статья 3

1. Арбитражный трибунал состоит из трех арбитров, которые назначаются следующим образом:

(a) Сторона в споре, возбудившая разбирательство, назначает одного арбитра, который может быть ее гражданином, из списка, указанного в Статье 2. Это назначение включается в уведомление, указанное в Статье 4.

(b) В течение 40 дней с момента получения этого уведомления другая сторона в споре назначает второго арбитра, который может быть ее гражданином, из списка, указанного в Статье 2.

(c) В течение 60 дней с момента назначения второго арбитра стороны в споре назначают, по соглашению, третьего арбитра из списка, указанного в Статье 2. Третий арбитр не должен являться ни гражданином одной из сторон в споре, ни лицом, назначенным в список, упомянутый в Статье 2, одной из сторон в споре, а также не должен иметь то же гражданство, что и любой из первых двух арбитров. Третий арбитр назначается Председателем Арбитражного трибунала.

(d) Если второй арбитр не назначен в течение предписанного периода или если стороны в споре не пришли к соглашению в течение предписанного периода по вопросу о назначении третьего арбитра, такой арбитр или арбитры назначаются, по требованию любой из сторон в споре и в течение 30 дней с момента получения такого требования, Председателем Международного Суда ООН из списка, указанного в Статье 2, и при соблюдении условий, предписанных в подпунктах (b) и (c) выше. Председатель Суда при осуществлении функций, возложенных на него настоящим подпунктом, проводит консультации со сторонами в споре.

(e) Если Председатель Международного Суда ООН не в состоянии осуществлять функции, возложенные на него подпунктом (d) выше, или если он имеет гражданство одной из сторон в споре, эти функции осуществляются Заместителем Председателя этого Суда, за исключением тех случаев, когда Заместитель Председателя не в состоянии осуществлять эти функции или когда он имеет гражданство одной из сторон в споре, тогда эти функции осуществляются самым старшим из остальных членов Суда, который свободен в данное время и не является гражданином ни одной из сторон в споре.

2. Заполнение любой вакансии производится таким же образом, как и первоначальное назначение.

3. В случае спора между более чем двумя Сторонами Стороны, имеющие общий интерес, в течение указанного в пункте I (b) выше срока назначают одного арбитра по Соглашению.

Статья 4

Сторона в споре, возбудившая разбирательство, письменно уведомляет об этом другую сторону или стороны в споре и Секретаря. Такое уведомление включает изложение предмета претензии и оснований для нее. Это уведомление направляется Секретарем всем Сторонам.

Статья 5

1. Если стороны в споре не согласятся об ином, арбитражное разбирательство производится в Гааге, где хранятся протоколы Арбитражного трибунала. Арбитражный трибунал принимает свои собственные правила процедуры. Такие правила обеспечивают каждой стороне в споре полную возможность быть выслушанной и изложить свои доводы, а также обеспечивают быстрое проведение судебного разбирательства.

2. Арбитражный трибунал может заслушивать и принимать решения по встречным претензиям, возникающим в результате спора.

Статья 6

1. Арбитражный трибунал, в тех случаях, когда он считает, что он prima facie, имеет юрисдикцию на основании настоящего Протокола, может:

(a) по просьбе любой стороны в споре указать такие временные меры, какие он считает необходимыми для сохранения соответствующих прав сторон в споре;

(b) предписать любые временные меры, которые он считает целесообразными в данных обстоятельствах, для предотвращения нанесения серьезного вреда антарктической окружающей среде или зависящим от нее или связанным с ней экосистемам.

2. До вынесения решения по Статье 10 стороны в споре немедленно подчиняются любым временным мерам, предписанным в соответствии с пунктом 1(b) выше.

3. Несмотря на период времени в Статье 20 Протокола, сторона в споре путем уведомления другой стороны или сторон в споре и Секретаря в соответствии со Статьей 4 может в любое время потребовать, чтобы Арбитражный трибунал был образован как дело исключительной срочности для указания или предписания временных мер в соответствии с настоящей Статьей. В таком случае Арбитражный трибунал образуется в возможно короткий срок в соответствии со Статьей 3 с той разницей, что сроки, указанные в Статье 3(1) (b), (c) и (d), сокращаются до 14 дней в каждом случае. Арбитражный трибунал выносит решение относительно просьбы о чрезвычайных временных мерах в течение двух месяцев после назначения его Председателя.

4. После вынесения решения Арбитражным трибуналом относительно просьбы о срочных временных мерах в соответствии с пунктом 3 выше урегулирование спора продолжается в соответствии со Статьями 18, 19 и 20 Протокола.

Статья 7

Любая Сторона, которая считает, что она имеет общий или индивидуальный интерес правового характера, который может быть серьезно затронут решением Арбитражного трибунала, может, если Арбитражный трибунал не примет иного решения, вступить в дело.

Статья 8

Стороны в споре облегчают работу Арбитражного трибунала и, в частности, в соответствии со своим законодательством и используя все имеющиеся в их распоряжении средства, представляют ему все относящиеся к делу документы и информацию, а также дают ему возможность, в случае необходимости, вызывать свидетелей или экспертов и выслушивать их показания.

Статья 9

Если одна из сторон в споре не является в Арбитражный трибунал или не представляет своих доводов, любая другая сторона в споре может требовать, чтобы Арбитражный трибунал продолжал разбирательство и вынес свое решение.

Статья 10

1. Арбитражный трибунал принимает решения по переданным ему спорам на основе положений Протокола и других применимых правил и принципов международного права, не являющихся несовместимыми с такими положениями.
2. Арбитражный трибунал может принимать решения ex aequo et bono по переданным ему спорам, если стороны в споре с этим согласны.

Статья 11

1. Прежде чем вынести свое решение, Арбитражный трибунал удостоверяется, что он обладает компетенцией в отношении такого спора и что претензия или встречная претензия достаточно обоснована с фактической и юридической точек зрения.
2. Решение сопровождается изложением мотивов, на которых оно основано, и должно быть сообщено Секретарю, который направляет его всем Сторонам.
3. Решение является окончательным и обязательным для сторон в споре, а также для любой вступившей в дело Стороны и подлежит незамедлительному исполнению. Арбитражный трибунал дает толкование своему решению по требованию любой из сторон в споре или любой Стороны, вступившей в дело.
4. Решение имеет обязательную силу только в отношении данного дела.
5. Если Арбитражный трибунал не принял иного решения, издержки Арбитражного трибунала, включая вознаграждение арбитров, покрываются сторонами в споре в равных долях.

Статья 12

Все решения Арбитражного трибунала, включая решения, упомянутые в Статьях 5, 6 и 11, принимаются большинством арбитров, которые не могут воздерживаться от голосования.

Статья 13

1. В настоящее Дополнение может быть внесена поправка или оно может быть изменено путем принятия меры в соответствии со Статьей IX(1) Договора об Антарктике. Если в самой мере не предусмотрено иного, поправка или изменение считаются принятыми и вступают в силу через один год после закрытия Консультативного совещания по Договору об Антарктике, на котором они были одобрены, если только одна или более Консультативных Сторон Договора об Антарктике не уведомят Депозитария в течение этого периода времени о своем желании продлить этот период или о невозможности принять эту меру.

2. Любая поправка или изменение настоящего Дополнения, которые вступают в силу в соответствии с пунктом 1 выше, затем вступают в силу для любой другой Стороны по получении от нее Депозитарием уведомления о принятии.

Приложение I к Протоколу по охране окружающей среду к Договору об Антарктике

Оценка воздействия на окружающую среду

Статья 1
Предварительная стадия

1. Воздействие на окружающую среду упомянутой в Статье 8 Протокола предлагаемой деятельности должно подвергаться рассмотрению до начала такой деятельности в соответствии с надлежащими национальными процедурами.

2. Если деятельность определяется как имеющая менее чем незначительное или ограниченное по времени воздействие, она может осуществляться.

Статья 2
Первоначальная оценка окружающей среды

1. Если не определено, что деятельность будет иметь менее чем незначительное или ограниченное по времени воздействие, или если не готовится Всесторонняя оценка окружающей среды в соответствии со Статьей 3, подготавливается Первоначальная оценка окружающей среды. Она должна быть достаточно подробной для того, чтобы определить, может ли предлагаемая деятельность иметь более чем незначительное или ограниченное по времени воздействие, и должна включать:

(a) описание предлагаемой деятельности, включая ее цель, место проведения, продолжительность и интенсивность; и

(b) рассмотрение альтернатив предлагаемой деятельности и любому воздействию, которое она может оказать, включая рассмотрение кумулятивного воздействия в свете существующих и известных планируемых видов деятельности.

2. Если Первоначальная оценка окружающей среды показывает, что предлагаемая деятельность, вероятно, будет иметь не более чем незначительное или ограниченное по времени воздействие, эта деятельность может осуществляться при условии наличия соответствующих процедур, которые могут включать мониторинг, для оценки и проверки воздействия этой деятельности.

Статья 3
Всесторонняя оценка окружающей среды

1. Если Первоначальная оценка окружающей среды показывает или если иным образом определено, что предлагаемая деятельность, вероятно, будет иметь более чем незначительное или ограниченное по времени воздействие, подготавливается Всесторонняя оценка окружающей среды.

2. Всесторонняя оценка окружающей среды должна включать:

(a) описание предлагаемой деятельности, включая ее цель, место проведения, продолжительность и интенсивность и возможные альтернативы этой деятельности, включая альтернативу не осуществлять эту деятельность и последствия этих альтернатив;

(b) описание исходного эталонного состояния окружающей среды, с которым сравниваются прогнозируемые изменения, и прогноз будущего эталонного состояния окружающей среды в случае непроведения предлагаемой деятельности:

(c) описание методов и данных, используемых для прогноза воздействия предлагаемой деятельности;

(d) оценку природы, величины, продолжительности и интенсивности вероятного прямого воздействия предлагаемой деятельности;

(e) рассмотрение возможного косвенного или второстепенного воздействия предлагаемой деятельности;

(f) рассмотрение кумулятивного воздействия предлагаемой деятельности в свете существующей деятельности или иных известных планируемых видов деятельности;

(g) определение мер, включая программы мониторинга, которые могут быть приняты для уменьшения или ослабления воздействия предлагаемой деятельности и выявления непредвиденного воздействия и которые могут обеспечить заблаговременное оповещение о любых отрицательных влияниях этой деятельности, а также незамедлительное и эффективное реагирование на аварии;

(h) определение неизбежного воздействия предлагаемой деятельности:

(i) рассмотрение влияния предлагаемой деятельности на проведение научных исследований и на другие существующие виды использования и ценности;

(j) определение пробелов в знаниях и неопределенностей, выявленных при подготовке информации, требуемой в рамках настоящего пункта;

(k) нетехническое резюме информации, представленной согласно настоящему пункту; и

(l) имя и адрес лица или название и адрес организации, подготовившей Всестороннюю оценку окружающей среды, и адрес, по которому следует направлять замечания.

3. Проект Всесторонней оценки окружающей среды делается общедоступным и направляется для замечаний всем Сторонам, которые также делают его общедоступным. Для получения замечаний устанавливается период в 90 дней.

4. Проект Всесторонней оценки окружающей среды одновременно с его направлением Сторонам, и, как минимум, за 120 дней до начала следующего Консультативного совещания по Договору об Антарктике, направляется Комитету для его рассмотрения соответствующим образом.

5. Окончательное решение об осуществлении предлагаемой деятельности в районе действий Договора об Антарктике может быть принято только в том случае, если у Консультативного совещания по Договору об Антарктике была возможность рассмотреть по рекомендации Комитета проект Всесторонней оценки окружающей среды. Тем не менее решение об осуществлении предлагаемой деятельности не может быть отложено путем реализации этого пункта более чем на 15 месяцев, начиная с даты распространения проекта Всесторонней оценки окружающей среды.

6. Окончательная Всесторонняя оценка окружающей среды должна содержать ответ на замечания, полученные по проекту Всесторонней оценки окружающей среды, включать или обобщать эти замечания. Окончательная Всесторонняя оценка окружающей среды, уведомление о любых относящихся к ней решениях и любая оценка значимости предсказываемых воздействий в соотношении с преимуществами предлагаемой деятельности направляются всем Сторонам, которые также делают их общедоступными, по крайней мере за 60 дней до начала предлагаемой деятельности в районе действия Договора об Антарктике.

Статья 4
Решения, основывающиеся на Всесторонних оценках окружающей среды

Любое решение о том, будет ли осуществляться предлагаемая деятельность, к которой применима Статья 3, и если да, то в первоначальной или измененной форме, должно основываться на Всесторонней оценке окружающей среды, а также на других соответствующих соображениях.

Статья 5
Мониторинг

1. Для оценки и проверки воздействия любой деятельности, которая осуществляется по завершении Всесторонней оценки окружающей среды, должны иметься процедуры, включая соответствующий мониторинг ключевых параметров окружающей среды.

2. Процедуры, упомянутые в пункте 1 выше и Статье 2(2), должны иметь своей целью обеспечение регулярной и поддающейся проверке регистрации воздействия деятельности, чтобы, inter alia:

(a) обеспечить возможность проведения оценки тех пределов, в которых такое воздействие соответствует Протоколу; и
(b) обеспечить поступление информации, полезной для уменьшения или ослабления воздействия, и, где это целесообразно, информации о необходимости приостановления, прекращения или изменения деятельности.

Статья 6
Распространение информации

1. Следующая информация рассылается Сторонам, направляется Комитету и делается общедоступной:

(a) описание процедур, упомянутых в Статье 1;
(b) ежегодный список любых Первоначальных оценок окружающей среды, подготовленных в соответствии со Статьей 2, и любых принятых впоследствии по ним решений;
(c) существенная информация, полученная в результате применения процедур, предусмотренных в соответствии со Статьями 2(2) и 5, и любые действия, предпринятые на основе этой информации; и
(d) информация, упомянутая в Статье 3(6).

2. Любая Первоначальная оценка окружающей среды, подготовленная в соответствии со Статьей 2, предоставляется по запросу.

Статья 7
Чрезвычайные ситуации

1. Настоящее Приложение не применяется в чрезвычайных ситуациях, связанных с безопасностью человеческой жизни или судов и самолетов или оборудования и средств обслуживания, представляющих большую ценность, или охраной окружающей среды, которые требуют проведения деятельности без завершения процедур, установленных в настоящем Приложении.

2. Уведомление о предпринятой в чрезвычайных ситуациях деятельности, которая противном случае потребовала бы подготовки Всесторонней оценки окружающей среды, немедленно направляется всем Сторонам и Комитету, и полное объяснение предпринятой деятельности представляется в течение 90 дней после указанных действий.

Статья 8
Поправки или изменения

1. В настоящее Приложение может быть внесена поправка или оно может быть изменено путем принятия меры в соответствии со Статьей IX(1) Договора об Антарктике. Если в самой мере не предусмотрено иного, поправка или изменение считаются принятыми и вступают в силу через один год после закрытия Консультативного совещания по Договору об Антарктике, на котором они были одобрены, если только одна или несколько Консультативных сторон Договора об Антарктике не уведомят Депозитария в течение этого периода времени о своем желании продлить этот период или о невозможности принять эту меру.

2. Любая поправка или изменение настоящего Приложения, которые вступают в силу в соответствии с пунктом 1 выше, затем вступают в силу для любой другой Стороны по получении от нее Депозитарием уведомления о принятии.

ПРИЛОЖЕНИЕ II: СОХРАНЕНИЕ АНТАРКТИЧЕСКОЙ ФАУНЫ И ФЛОРЫ

Приложение II к Протоколу по охране окружающей среды к Договору об Антарктике

Сохранение антарктической фауны и флоры

СТАТЬЯ 1
ОПРЕДЕЛЕНИЯ

Для целей настоящего Приложения:

(a) «местное млекопитающее» означает любого представителя любого вида, принадлежащего к классу млекопитающих, характерного для района действия Договора об Антарктике или встречающегося там естественным образом в результате миграции;

(b) «местная птица» означает любого представителя любого вида на любой стадии жизненного цикла (включая стадию яиц), принадлежащего к классу птиц, характерного для района действия Договора об Антарктике или встречающегося там естественным образом в результате миграции;

(c) «местное растение» означает любого представителя любого вида наземной или пресноводной растительности, включая бриофиты, лишайники, грибки и водоросли, на любой стадии жизненного цикла (включая семена и прочие пропагулы), характерного для района действия Договора об Антарктике;

(d) «местное беспозвоночное» означает любого представителя любого вида наземных или пресноводных беспозвоночных на любой стадии жизненного цикла, характерного для района действия Договора об Антарктике;

(e) «компетентный орган» означает любое лицо или организацию, уполномоченные Стороной выдавать разрешение в соответствии с настоящим Приложением;

(f) «разрешение» означает официальное письменное разрешение, выданное компетентным органом;

(g) «изъять или изъятие» означает убить, ранить, поймать, взять в руки или потревожить местное млекопитающее или птицу, или переместить или нанести ущерб такому количеству местных растений или беспозвоночных, что это существенно отразится на их локальном распространении или численности;

(h) «вредное вмешательство» означает:

(i) полеты и посадки вертолетов или иных воздушных судов, осуществляемые таким образом, что это нарушает концентрации местных птиц или тюленей;

(ii) использование наземных транспортных средств или морских судов, включая суда на воздушной подушке или маломерные суда, таким образом, что это нарушает концентрации местных птиц или тюленей;

(iii) использование взрывчатых веществ или огнестрельного оружия таким образом, что это нарушает концентрации местных птиц или тюленей;

(iv) преднамеренное нарушение покоя гнездящихся или линяющих местных птиц или тюленей пешеходами;

(v) нанесение значительного ущерба концентрациям местных наземных растений в результате посадки воздушных судов, передвижения наземных транспортных средств или ходьбы по ним, или иным образом; и

(vi) любую деятельность, в результате которой происходит значительное неблагоприятное изменение сред обитания любых видов или популяций местных млекопитающих, птиц, растений или беспозвоночных.

(i) «Международная конвенция по регулированию китобойного промысла» означает конвенцию, принятую в Вашингтоне 2 декабря 1946 года.

(j) «Соглашение о сохранении альбатросов и буревестников» означает соглашение, заключенное в Канберре 19 июня 2001 г.

Статья 2
Чрезвычайные ситуации

1. Настоящее Приложение не применяется в чрезвычайных ситуациях, связанных с безопасностью человеческой жизни, морских и воздушных судов или оборудования и объектов, представляющих большую ценность, или с охраной окружающей среды.

2. Уведомление о предпринятой в чрезвычайных ситуациях деятельности, в результате которой произошло изъятие или вредное вмешательство,

незамедлительно направляется всем Сторонам и Комитету по охране окружающей среды.

СТАТЬЯ 3
ОХРАНА МЕСТНОЙ ФЛОРЫ И ФАУНЫ

1. Изъятие или вредное вмешательство запрещается, за исключением случаев, когда на это выдается разрешение.

2. В таких разрешениях указывается разрешенная деятельность, включая сведения о том, когда, где и кем она должна осуществляться, а сами разрешения выдаются только в следующих случаях:

(a) для получения образцов для научных исследований или научной информации;

(b) для получения образцов для музеев, гербариев и ботанических садов или других образовательных заведений или целей;

(c) для получения образцов для зоологических садов, однако в отношении местных млекопитающих или птиц только в том случае, если такие образцы нельзя получить из других имеющихся коллекций пойманных животных, или если это необходимо для выполнения неотложной природоохранной задачи;

(d) в целях учета неизбежных последствий научной деятельности, которая не была разрешена в соответствии с подпунктами (a), (b) или (c) выше, или строительства и эксплуатации научно-вспомогательных объектов.

3. Выдача таких разрешений ограничивается для того, чтобы:

(a) количество изымаемых местных млекопитающих, птиц, растений или беспозвоночных не превышало того, что совершенно необходимо для достижения целей, указанных в пункте 2 выше;

(b) умерщвлялось только небольшое количество местных млекопитающих или и чтобы ни при каких обстоятельствах число умерщвленных представителей локальных популяций не превышало количества, которое – в сочетании с другими разрешенными изъятиями – может быть восстановлено в обычном порядке путем естественного воспроизводства в течение следующего сезона; и

(c) сохранить разнообразие видов, а также сред обитания, необходимых для их существования, и равновесие экологических систем, существующих в районе действия Договора об Антарктике.

4. Любые виды местных млекопитающих, птиц, растений и беспозвоночных, перечисленные в Дополнении А к настоящему Приложению, определяются в качестве «Особо охраняемых видов» и пользуются особой охраной Сторон.

5. Определение вида в качестве «Особо охраняемого» осуществляется в соответствии с согласованными процедурами и критериями, принятыми КСДА.

6. Комитет по охране окружающей среды рассматривает критерии внесения предложений об определении местных млекопитающих, птиц, растений или беспозвоночных в качестве «Особо охраняемых видов» и дает рекомендации относительно этих критериев.

7. Любая Сторона, Комитет по охране окружающей среды, Научный комитет по антарктическим исследованиям или Комиссия по сохранению морских живых ресурсов Антарктики может внести предложение об определении вида в качестве Особо охраняемого, направив предложение с обоснованием на рассмотрение КСДА.

8. Разрешение на изъятие Особо охраняемого вида не выдается, за исключением тех случаев, когда изъятие:

(a) необходимо для достижения неотложной научной цели;

(b) не поставит под угрозу выживание или восстановление этого вида или его локальной популяции.

9. Применение к Особо охраняемому виду методов, вызывающих смертельный исход, допускается только при отсутствии приемлемого альтернативного метода.

10. Предложения об определении вида в качестве Особо охраняемого направляются в Комитет по охране окружающей среды, Научный комитет по антарктическим исследованиям и – в отношении местных млекопитающих и птиц – в Комиссию по сохранению морских живых ресурсов Антарктики, а также, в зависимости от ситуации, на Совещание Сторон Соглашения о сохранении альбатросов и буревестников и в другие организации. Формулируя свою рекомендацию КСДА относительно того, следует ли определять тот или иной вид в качестве Особо охраняемого, Комитет по охране окружающей среды учитывает любые замечания, предоставленные Научным комитетом по антарктическим исследованиям и – в отношении местных млекопитающих и

птиц – Комиссией по сохранению морских живых ресурсов Антарктики, а также, в зависимости от ситуации, Совещанием Сторон Соглашения о сохранении альбатросов и буревестников и другими организациями.

11. Любое изъятие местных млекопитающих и птиц осуществляется таким образом, чтобы это причиняло как можно меньше боли и страданий.

СТАТЬЯ 4
ИНТРОДУКЦИЯ НЕМЕСТНЫХ ВИДОВ И БОЛЕЗНЕЙ

1. Интродукция на суше или шельфовых ледниках, или в водах в районе действия Договора об Антарктике живых организмов, которые не являются местными для района действия Договора об Антарктике, допускается только в соответствии с разрешением.

2. Собаки не должны ввозиться на сушу, шельфовые ледники или морской ледяной покров.

3. Разрешения в соответствии с пунктом 1 выше

(a) выдаются только на ввоз культурных растений и их репродуктивных пропагул с целью их контролируемого использования, а также на ввоз видов живых организмов с целью их контролируемого использования в рамках экспериментов; и

(b) содержат информацию о видах, количестве и, в соответствующих случаях, возрасте и поле интродуцируемых видов наряду с обоснованием интродукции и мер предосторожности, которые необходимо принять, чтобы не допустить их побега или контакта с фауной и флорой.

4. Любой вид, в отношении которого выдано разрешение в соответствии с пунктами 1 и 3 выше, вывозится из района действия Договора об Антарктике до того, как истечет срок действия разрешения, или уничтожается путем сжигания или другими столь же эффективными способами, исключающими риск для местной фауны и флоры. Эта обязанность оговаривается в разрешении.

5. Любой вид, включая его потомство, который не является местным для района действия Договора об Антарктике и ввезен в этот район без разрешения, выдаваемого в соответствии с пунктами 1 и 3 выше, вывозится или уничтожается, если это практически осуществимо, за исключением ситуаций, когда вывоз или уничтожение может привести к еще более значительному неблагоприятному воздействию на окружающую среду. Такой вывоз или уничтожение могут производиться путем сжигания или другими столь же эффективными способами, обеспечивающими стерилизацию, если не установлено, что этот вид не представляет угрозы для местной флоры и фауны.

Кроме того, во избежание причинения вреда местной фауне или флоре принимаются все разумные меры для контроля последствий такой интродукции.

6. Ничто в настоящей Статье не распространяется на ввоз продуктов питания в район действия Договора об Антарктике при условии, что живые животные не ввозятся с этой целью, а все растения, части животных и продукты хранятся в тщательно контролируемых условиях и удаляются в соответствии с Приложением III к Протоколу.

7. Каждая Сторона требует соблюдения мер предосторожности для предотвращения интродукции микроорганизмов (например, вирусов, бактерий, дрожжей, грибков), не присутствующих естественным образом в районе действия Договора об Антарктике.

8. Живая домашняя птица или другие живые птицы не ввозятся в район действия Договора об Антарктике. Принимаются все необходимые меры для того, чтобы в домашней птице или продуктах из домашней птицы, ввезенных в Антарктику, не было болезней (таких, как болезнь Ньюкасла, туберкулез и дрожжевая инфекция), которые могли бы причинить вред местной флоре и фауне. Любая неиспользованная домашняя птица или продукты из домашней птицы вывозятся из района действия Договора об Антарктике или уничтожаются путем сжигания или аналогичными способами, исключающими риск интродукции микроорганизмов (например, вирусов, бактерий, дрожжей, грибков) для местной флоры и фауны.

9. Запрещается преднамеренный ввоз нестерильной почвы в район действия Договора об Антарктике. Стороны должны принимать все возможные меры с целью предотвращения непреднамеренного ввоза нестерильной почвы в район действия Договора об Антарктике.

СТАТЬЯ 5
ИНФОРМАЦИЯ

Каждая Сторона открыто предоставляет информацию о запрещенных видах деятельности и Особо охраняемых видах всем, кто находится или собирается прибыть в район действия Договора об Антарктике, чтобы они понимали и соблюдали положения настоящего Приложения.

СТАТЬЯ 6
ОБМЕН ИНФОРМАЦИЕЙ

1. Стороны принимают меры для того, чтобы обеспечить:

   (a) сбор и ежегодный обмен учетными документами (включая документы учета разрешений) и статистическими данными о числе или количестве каждого вида местных млекопитающих, птиц, растений или беспозвоночных, изъятых в районе действия Договора об Антарктике; и

   (b) получение и обмен информацией о состоянии местных млекопитающих, птиц, растений и беспозвоночных в районе действия Договора об Антарктике, а также о том, в какой степени любой вид или популяция нуждаются в охране;

2. В кратчайшие сроки после окончания каждого южнополярного летнего сезона, но в любом случае до 1 октября каждого года Стороны информируют другие Стороны, а также Комитет по охране окружающей среды о любых шагах, предпринятых в соответствии с пунктом 1 выше, и о количестве и характере

разрешений, выданных в соответствии с настоящим Приложением в течение предшествующего периода с 1 апреля по 31 марта.

СТАТЬЯ 7
ВЗАИМОСВЯЗЬ С ДРУГИМИ СОГЛАШЕНИЯМИ, НЕ ВХОДЯЩИМИ В СИСТЕМУ ДОГОВОРА ОБ АНТАРКТИКЕ

Ничто в настоящем Приложении не ущемляет прав и обязанностей Сторон в рамках Международной конвенции по регулированию китобойного промысла.

СТАТЬЯ 8
ОБЗОР ДЕЙСТВИЯ

Стороны постоянно рассматривают действие мер по сохранению антарктической фауны и флоры с учетом любых рекомендаций Комитета по охране окружающей среды.

СТАТЬЯ 9
ПОПРАВКИ ИЛИ ИЗМЕНЕНИЯ

1. Поправки или изменения могут быть внесены в настоящее Приложение на основании меры, принятой в соответствии со Статьей IX(1) Договора об Антарктике. Если в самой мере не предусмотрено иного, поправка или изменение считаются одобренными и вступают в силу через один год после закрытия Консультативного совещания по Договору об Антарктике, на котором они были приняты, если только одна или несколько Консультативных сторон Договора об Антарктике в течение этого срока не уведомят Депозитария о своем желании продлить этот период или о невозможности одобрения этой меры.

2. Любая поправка или изменение настоящего Приложения, которые вступают в силу в соответствии с пунктом 1 выше, в дальнейшем вступают в силу для любой другой Стороны после того, как Депозитарий получит от нее уведомление об одобрении.

ДОПОЛНЕНИЯ К ПРИЛОЖЕНИЮ

ДОПОЛНЕНИЕ А:

Особо охраняемые виды.

Ommatophoca rossii- тюлень Росса.

Приложение III к Протоколу по охране окружающей среды к Договору об Антарктике

Удаление и управление ликвидацией отходов

Статья 1
Общие обязательства

1. Настоящее Приложение применяется к деятельности, осуществляемой в районе действия Договора об Антарктике в соответствии с научно-исследовательскими программами, туризмом и всеми другими видами правительственной и неправительственной деятельности в районе действия Договора об Антарктике, в отношении которых требуется заблаговременное уведомление в соответствии со Статьей VII (5) Договора об Антарктике, включая связанную с ними вспомогательную логистическую деятельность.

2. Объем отходов, производимых или удаляемых в районе действия Договора об Антарктике, должен быть сокращен насколько возможно с целью уменьшения воздействия на окружающую среду Антарктики и вмешательства в представляющую ценность природную среду Антарктики, в научные исследования и другие виды использования Антарктики, осуществляемые в соответствии с Договором об Антарктике.

3. Хранение, удаление и вывоз отходов из района действия Договора об Антарктике, а также их переработка и сокращение их источников должны являться одним из основных факторов, принимаемых во внимание при планировании и осуществлении деятельности в районе действия Договора об Антарктике.

4. Отходы, вывозимые из района действия Договора об Антарктике, в максимально возможной степени возвращаются в страну, организовавшую деятельность, вызвавшую эти отходы, или в любую другую страну, где были достигнуты договоренности об удалении таких отходов согласно соответствующим международным соглашениям.

5. Старые и действующие площадки для удаления отходов на суше, а также заброшенные рабочие площадки, где осуществлялась антарктическая деятельность, расчищаются производителем таких отходов и пользователем таких площадок. Это обязательство не должно толковаться как требующее:

(a) удаления любого сооружения, определенного как историческое место или памятник; или

(b) удаления любого сооружения или отходов материалов в тех случаях, когда удаление любым имеющимся способом может привести к более вредным воздействиям на окружающую среду, чем сохранение этого сооружения или отходов материалов на их прежнем месте.

Статья 2
Удаление отходов путем вывоза из района действия Договора об Антарктике

1. Нижеперечисленные отходы, произведенные после вступления в силу настоящего Приложения, вывозятся из района действия Договора об Антарктике производителем таких отходов:

(a) радиоактивные вещества;
(b) электрические батареи;
(c) топливо, как жидкое, так и твердое;
(d) отходы, содержащие опасные количества тяжелых металлов или остро токсичных или вредных устойчивых соединений;
(e) поливинилхлорид (ПВХ), пенополиуретан, пенополистирол, резина и смазочные масла, пропитанная древесина и другие продукты, содержащие добавки, которые могут привести к вредным выбросам в случае их сжигания;
(f) все другие пластмассовые отходы, за исключением полиэтиленовых контейнеров с низкой плотностью (например, мешки для хранения отходов) при условии, что такие контейнеры будут сжигаться в соответствии со Статьей 3 (1);
(g) топливные бочки; и
(h) другие твердые, несжигаемые отходы;

при условии, что обязательства по вывозу бочек и твердых несжигаемых отходов, содержащиеся в подпунктах (g) и (h) выше, не применяются к ситуациям, когда вывоз таких отходов любым возможным способом приведет к более вредным воздействиям на окружающую среду, чем сохранение их на прежнем месте.

2. Жидкие отходы, иные, чем указанные в пункте 1 выше, а также сточные воды и жидкие бытовые отходы в максимально возможной степени вывозятся из района действия Договора об Антарктике производителем таких отходов.

3. Нижеперечисленные отходы вывозятся из района действия Договора об Антарктике производителем таких отходов, за исключением случаев, когда они сжигаются, обрабатываются в автоклаве или перерабатываются иным образом, чтобы сделать их стерильными:

(a) остатки скелетов ввезенных животных;
(b) лабораторные культуры микроорганизмов и болезнетворных растительных организмов; и
(c) ввезенные птичьи продукты.

Статья 3
Удаление отходов путем сжигания

1. При соблюдении пункта 2 ниже горючие отходы, помимо упомянутых в Статье 2 (1), не вывезенные из района действия Договора об Антарктике, сжигаются в мусоросжигателях, которые в максимально возможной степени снижают вредные выбросы. Необходимо учитывать любые стандарты на выбросы и руководство по оборудованию, которые могут быть рекомендованы, inter alia, Комитетом и Научным комитетом по антарктическим исследованиям. Твердые продукты, оставшиеся после сжигания, вывозятся из района действия Договора об Антарктике.

2. Любое открытое сжигание отходов прекращается в возможно короткие сроки, но не позднее конца сезона 1998/1999 г. До завершения процесса по полному прекращению открытого сжигания в тех случаях, когда отходы необходимо удалять путем открытого сжигания, следует учитывать направление и скорость ветра и тип сжигаемых отходов с тем, чтобы ограничить осаждение твердых частиц и предотвратить такое саждение в районах особого биологического, научного, исторического, эстетического значения или имеющих значение ввиду первозданности природы, включая, в частности, районы, подлежащие охране согласно Договору об Антарктике.

Статья 4
Удаление других отходов на суше

1. Отходы, не вывезенные или не удаленные в соответствии со Статьями 2 и 3, не должны удаляться на участках, свободных от льда, или сбрасываться в пресноводные системы.

2. Сточные воды, жидкие бытовые отходы и другие жидкие отходы, не вывезенные из района действия Договора об Антарктике в соответствии со Статьей 2, в максимально возможной степени не должны удаляться на морском льду, шельфовых ледниках или береговых ледниковых покровах при том понимании, что такие отходы, производимые на станциях, расположенных в глубине шельфовых ледников или на береговых ледниковых покровах, могут быть удалены в глубокие ледниковые шахты, где такое удаление является единственно возможным. Такие шахты не должны располагаться на известных путях движения ледниковых потоков, завершающихся в районах, свободных ото льда, или в районах, где есть большая опасность оползней.

3. Отходы, произведенные в районах расположения передвижных лагерей, в максимально возможной степени вывозятся производителем таких отходов на вспомогательные станции или суда с целью удаления в соответствии с настоящим Приложением.

Статья 5
Удаление отходов в море

1. Сточные воды и жидкие бытовые отходы могут непосредственно сбрасываться в море с учетом ассимиляционных возможностей принимающей морской среды и при условии, что:

(a) такой сброс происходит, по мере возможности, в тех местах, где есть условия для первоначального разбавления и быстрого рассеивания; и

(b) большие количества таких отходов (произведенных на станции, где в течение южного лета еженедельно находятся в среднем 30 и более человек) обрабатываются, по крайней мере, путем мацерации.

2. Побочные продукты обработки сточных вод во вращающемся биологическом смесителе или аналогичном оборудовании могут сбрасываться в море при условии, что такой сброс не оказывает отрицательного влияния на местную природную среду и что любой такой сброс в море осуществляется в соответствии с Приложением IV к настоящему Протоколу.

Статья 6
Хранение отходов

Все отходы, подлежащие вывозу из района действия Договора об Антарктике или удалению каким-либо иным способом, хранятся таким образом, чтобы избежать их рассеивания в окружающей среде.

Статья 7
Запрещенные продукты

На сушу или на шельфовые ледники или в воды района действия Договора об Антарктике не должны попадать полихлорированные бифенилы (ПХБ), нестерильный грунт, гранулированный полистирол, крошка или аналогичные упаковочные формы или пестициды (кроме тех, которые необходимы в научных, медицинских или гигиенических целях).

Статья 8
Планирование управления ликвидацией отходов

1. Каждая Сторона, осуществляющая деятельность в районе действия Договора об Антарктике, разрабатывает применительно к этой деятельности систему классификации удаления отходов как основу для регистрации отходов и содействия исследованиям, направленным на получение оценки воздействия на окружающую среду научной деятельности и вспомогательной логистической деятельности. С этой целью производимые отходы классифицируются следующим образом:

(a) сточные воды и жидкие бытовые отходы (Группа 1);
(b) другие жидкие отходы и химические вещества, включая топливо и смазки (Группа 2);
(c) твердые отходы, подлежащие сжиганию (Группа 3);
(d) другие твердые отходы (Группа 4); и
(e) радиоактивные вещества (Группа 5).

2. С целью дальнейшего уменьшения воздействия отходов на окружающую среду Антарктики каждая такая Сторона подготавливает свои планы по управлению ликвидацией отходов (включая сокращение, хранение и удаление отходов), ежегодно рассматривает их действие и приводит их в соответствие с новыми требованиями. В этих планах для каждого постоянного участка, для передвижных лагерей в целом и для каждого судна (кроме небольших судов, являющихся частью операций, осуществляемых на постоянных участках или на судах и с учетом существующих планов управления для судов), конкретно указываются:

(a) программы расчистки существующих площадок для удаления отходов и заброшенных рабочих площадок;
(b) осуществляемые и планируемые мероприятия по управлению ликвидацией отходов, включая окончательное удаление;
(c) осуществляемые и планируемые мероприятия по анализу воздействия на окружающую среду отходов и управления ликвидацией отходов; и
(d) другие шаги, направленные на уменьшение любых воздействий отходов и управления ликвидацией отходов на окружающую среду.

3. Каждая такая Сторона составляет перечень мест, где в прошлом осуществлялась деятельность (например, полигоны, топливные склады, передвижные базы, разбившиеся самолеты), насколько это возможно до того, как эта информация будет полностью утеряна, чтобы такие места могли учитываться при планировании будущих научных программ (например, программ исследования химии снега, содержания загрязняющих веществ в лишайниках или программ бурения ледяных кернов).

Статья 9
Распространение и обзор действия планов по управлению ликвидацией отходов

1. Планы по управлению ликвидацией отходов, подготовленные в соответствии со Статьей 8, отчеты об их осуществлении и перечни, упомянутые в Статье 8(3), включаются в ежегодные обмены информацией в соответствии со Статьями III и VII Договора об Антарктике и соответствующими рекомендациями согласно Статье IX Договора об Антарктике.

2. Каждая Сторона направляет в Комитет копии своих планов по управлению ликвидацией отходов и отчет об их осуществлении и обзоре их действий.

3. Комитет может рассматривать планы и отчеты по управлению ликвидацией отходов и может представлять на рассмотрение Сторон свои замечания, включая предложения по уменьшению воздействия, поправкам и улучшению планов.

4. Стороны могут обмениваться информацией и консультироваться, inter alia, по существующим малоотходным технологиям, реконверсии имеющихся установок, особым требованиям для сбрасываемых вод и соответствующим методам удаления и сброса отходов.

Статья 10
Практика управления ликвидацией отходов

Каждая Сторона:

(a) назначает должностное лицо по вопросам управления ликвидацией отходов для разработки планов управления ликвидацией отходов и контроля их выполнения; в полевых условиях эта обязанность возлагается на соответствующего работника на каждом участке;

(b) обеспечивает, чтобы члены ее экспедиций получили соответствующую подготовку, призванную ограничить воздействие осуществляемых ею работ на окружающую среду Антарктики, и информирует их о требованиях настоящего Приложения; и

(c) оказывает содействие в неиспользовании продукции из поливинилхлорида (ПВХ) и обеспечивает, чтобы ее экспедиции в районе действия Договора об Антарктике были проинформированы о продукции из ПВХ, которую они могут ввести в этот район с тем, чтобы эта продукция могла быть впоследствии вывезена оттуда в соответствии с настоящим Приложением.

Статья 11
Обзор действия

Действие настоящего Приложения подлежит регулярному рассмотрению с целью обеспечения его соответствия требованиям времени в области совершенствования технологии и процедур удаления отходов и обеспечения тем самым максимально возможной охраны окружающей среды Антарктики.

Статья 12
Чрезвычайные ситуации

1. Настоящее Приложение не применяется в чрезвычайных ситуациях, связанных с безопасностью человеческой жизни или судов и самолетов или оборудования и средств обслуживания, представляющих большую ценность, или охраны окружающей среды.

2. Уведомление о предпринятой в чрезвычайных ситуациях деятельности немедленно направляется всем Сторонам и Комитету,

Статья 13
Поправки или изменения

1. В настоящее Приложение может быть внесена поправка или оно может быть изменено путем принятия меры в соответствии со Статьей IX (1) Договора об Антарктике. Если в самой мере не предусмотрено иного, поправка или изменение считаются принятыми и вступают в силу через один год после закрытия Консультативного совещания по Договору об Антарктике, на котором они были одобрены, если только одна или несколько Консультативных сторон Договора об Антарктике не уведомят Депозитария в течение этого периода времени о своем желании продлить этот период или о невозможности принять эту меру.

2. Любая поправка или изменение настоящего Приложения, которые вступают в силу в соответствии с пунктом 1 выше, затем вступают в силу для любой другой Стороны, по получении от нее Депозитарием уведомления о принятии.

Приложение IV к Протоколу по охране окружающей среды к Договору об Антарктике

Предотвращение загрязнения морской среды

Статья 1
Определения

Для целей настоящего Приложения:

(a) "сброс" означает любой выброс с судна, какими бы причинами он не вызывался, и включает любую утечку, удаление, разлив, протечку, откачку, выбрасывание или опорожнение;

(b) "мусор" означает все виды продовольственных, бытовых и эксплуатационных отходов, исключая свежую рыбу и ее остатки, которые образуются в процессе нормальной эксплуатации судна, за исключением веществ, упомянутых в Статьях 3 и 4;

(c) "МАРПОЛ 73/78" означает Международную конвенцию по предотвращению загрязнения с судов 1973 г., измененную Протоколом 1978 г. к ней и другими поправками, вступившими в силу позднее;

(d) "вредное жидкое вещество" означает любое вредное жидкое вещество, указанное в Приложении II к МАРПОЛ 73/78;

(e) "нефть" означает нефть в любом виде, включая сырую нефть, нефтяное топливо, нефтесодержащие осадки, нефтяные остатки и очищенные нефтепродукты (не являющиеся нефтехимическими веществами, которые попадают под действие положений Статьи 4);

(f) "нефтесодержащая смесь" означает смесь с любым содержанием нефти; и

(g) "судно" означает эксплуатируемое в морской среде судно любого типа и включает суда на подводных крыльях, суда на воздушной подушке, подводные суда, плавучие средства, а также стационарные или плавучие платформы.

Статья 2
Применение

В отношении каждой Стороны настоящее Приложение применяется к судам, плавающим под ее флагом, а также к любому другому судну, используемому или обеспечивающему ее антарктическую деятельность, когда они эксплуатируются в районе действия Договора об Антарктике.

Статья 3
Сброс нефти

1. Любой сброс в море нефти или нефтесодержащей смеси запрещается, за исключением случаев, предусмотренных Приложением I к МАРПОЛ 73/78. При эксплуатации в районе действия Договора об Антарктике суда сохраняют на борту все нефтесодержащие осадки, грязный балласт, промывочную воду из танков и другие нефтяные остатки и смеси, которые не могут сбрасываться в море. Суда сбрасывают эти

остатки только за пределами района действия Договора об Антарктике в приемные сооружения или иным образом, разрешенным Приложением I к МАРПОЛ 73/78.

2. Настоящая Статья не применяется:

(a) к сбросу в море нефти или нефтесодержащей смеси в результате повреждения судна или его оборудования:

(i) при условии, что после случившегося повреждения или обнаружения сброса были приняты все разумные предусмотрительные меры для предотвращения или сведения к минимуму такого сброса; и

(ii) за исключением тех случаев, когда судовладелец или капитан действовали либо с намерением причинить повреждение, либо безответственно и понимая, что это может привести к повреждению; или

(b) к сбросу в море веществ, содержащих нефть, которые используются при борьбе с особыми случаями загрязнения моря с целью сведения к минимуму ущерба от загрязнения.

Статья 4
Сброс вредных жидких веществ

Запрещается сброс в море любых вредных жидких веществ и любых химических или других веществ в количестве или концентрациях, вредных для морской среды.

Статья 5
Сброс мусора

1. Запрещается выбрасывание в море всех видов пластмасс, включая синтетические тросы, синтетические рыболовные сети и пластмассовые мешки для мусора, но не ограничиваясь ими.

2. Запрещается выбрасывание в море других видов мусора, включая изделия из бумаги, ветошь, стекло, металл, бутылки, черепки, золу, сепарационные, обшивочные и упаковочные материалы.

3. Разрешается выбрасывание в море пищевых отходов, пропущенных через измельчитель или мельничное устройство, при условии, чтобы такой сброс, за исключением случаев, предусмотренных Приложением V к МАРПОЛ 73/78, производился как можно дальше от берега и шельфовых ледников, но в любом случае не ближе 12 морских миль от ближайшего берега или шельфового ледника. Такие измельченные или размолотые пищевые отходы должны проходить через грохот с отверстиями размером не более 25 мм.

4. Если вещество или материал, на который распространяется настоящая Статья, смешан с другим веществом или материалом для сброса или удаления, в отношении которого имеются другие требования по удалению или сбросу, применяются более строгие требования к удалению или сбросу.

5. Положения пунктов 1 и 2 выше не применяются к:

(a) сбросу мусора в результате повреждения судна или его оборудования при условии, что до и после случившегося повреждения были приняты все разумные предупредительные меры для предотвращения или сведения к минимуму такого сброса; или

(b) аварийной потере синтетических рыболовных сетей при условии, что были приняты все разумные предупредительные меры для предотвращения такой потери.

6. В случае необходимости Стороны требуют ведения журналов регистрации операций с мусором.

Статья 6
Сброс сточных вод

1. За исключением случаев, когда это может необоснованно сказаться на деятельности в Антарктике:

(a) каждая Сторона исключает любой сброс в море необработанных сточных вод ("сточные воды" определяются в Приложении IV МАРПОЛ 73/78) в пределах 12 морских миль от берега или шельфовых ледников;

(b) далее указанного расстояния накопленные в сборных танках сточные воды не сбрасываются мгновенно, а постепенно и, по возможности, когда судно находится в пути, имея скорость не менее 4 узлов. Настоящий пункт не применяется к судам, которым разрешается иметь на борту не более 10 человек.

2. При необходимости Стороны требуют ведения журнала регистрации операций со сточными водами.

Статья 7
Чрезвычайные ситуации

1. Статьи 3, 4, 5 и 6 настоящего Приложения не применяются в чрезвычайных ситуациях, связанных с безопасностью судна и находящихся на его борту людей или спасением человеческой жизни на море.

2. Уведомление о предпринятой в чрезвычайных ситуациях деятельности немедленно направляется всем Сторонам и Комитету.

Статья 8
Воздействие на зависящие и связанные экосистемы

При осуществлении положений настоящего Приложения должное внимание должно быть уделено необходимости предотвращения вредного воздействия на зависящие и связанные экосистемы за пределами района действия Договора об Антарктике.

Статья 9
Емкости на судах и приемные сооружения

1. Каждая Сторона обязуется обеспечить, чтобы все суда, плавающие под ее флагом, и любое другое судно, используемое или обеспечивающее ее антарктическую деятельность, до прихода в район действия Договора об Антарктике оснащались достаточными емкостями для сохранения на борту всех осадков, грязного балласта, промывочной воды из танков и других остатков и нефтесодержащих смесей и имели достаточные емкости для сохранения на борту мусора во время эксплуатации в районе

действия Договора об Антарктике и чтобы были заключены договоренности о сдаче нефтяных остатков и мусора на приемные сооружения после ухода судов из района. Суда должны также иметь достаточные емкости для вредных жидких веществ.

2. Каждая Сторона, через порты которой суда направляются в район действия Договора об Антарктике или возвращаются из него, обязуется обеспечить в возможно короткие сроки наличие достаточных приемных сооружений для приема всех нефтесодержащих осадков, грязного балласта, промывочной воды из танков и других остатков и нефтесодержащих смесей, а также мусора с судов, не приводя к их чрезмерному простою и в соответствии с потребностями пользующихся ими судов.

3. Стороны, эксплуатирующие суда, которые входят в район действия Договора об Антарктике или покидают его из портов других Сторон, консультируются с этими Сторонами с тем, чтобы создание приемных сооружений не являлось чрезмерной нагрузкой для Сторон, находящихся в районах, примыкающих к району действия Договора об Антарктике.

Статья 10
Проектирование, конструкция, комплектование экипажа и оборудование судов

При проектировании, конструкции, комплектовании экипажа и оборудовании судов, используемых или обеспечивающих антарктическую деятельность, каждая Сторона принимает во внимание цели настоящего Приложения.

Статья 11
Суверенный иммунитет

1. Настоящее Приложение не применяется к любым военным кораблям, военно-вспомогательным судам или иным судам, принадлежащим государству или эксплуатируемым им, когда они используются только для правительственной некоммерческой службы. Однако каждая Сторона путем принятия соответствующих мер, не наносящих ущерба эксплуатации или эксплуатационным возможностям таких кораблей и судов, принадлежащих ей или эксплуатируемых ею, обеспечивает, чтобы эти корабли и суда действовали, насколько это целесообразно и практически возможно, в соответствии с настоящим Приложением.

2. При применении пункта 1 выше каждая Сторона принимает во внимание важность охраны окружающей среды Антарктики.

3. Каждая Сторона информирует другие Стороны о том, как она выполняет данное положение.

4. Процедура урегулирования споров, предусмотренных в Статьях 18-20 Протокола, не применяется к настоящей Статье.

Статья 12
Предупредительные меры, готовность к чрезвычайным ситуациям и реагирование на них

1. В целях более эффективного реагирования в чрезвычайных ситуациях, связанных с загрязнением морской среды или угрозой его возникновения, в районе действия Договора об Антарктике Стороны в соответствии со Статьей 15 Протокола разрабатывают планы действий в чрезвычайных ситуациях, связанных с загрязнением

морской среды в районе действия Договора об Антарктике, включая аварийные планы для судов (кроме небольших судов, занятых обслуживанием стационарных платформ и судов), эксплуатируемых в районе действия Договора об Антарктике, в частности для судов, перевозящих нефть, а также на случай вызываемых прибрежными установками разливов нефти, которые попадают в море. С этой целью они:

(a) сотрудничают в разработке и осуществлении таких планов;

(b) запрашивают мнение Комитета, Международной морской организации и других международных организаций.

2. Стороны также устанавливают процедуры совместного реагирования в чрезвычайных ситуациях, связанных с загрязнением, и предпринимают соответствующие ответные действия в соответствии с такими процедурами.

Статья 13
Обзор действия

Стороны регулярно проводят обзор действия положений настоящего Приложения и других мер по предотвращению, уменьшению и реагированию на загрязнение морской среды Антарктики, включая любые поправки и новые правила, принятые в соответствии с МАРПОЛ 73/78, для обеспечения достижения целей настоящего Приложения.

Статья 14
Отношение к МАРПОЛ 73/78

Что касается Сторон, которые также являются Сторонами Конвенции МАРПОЛ 73/78, то ничто в настоящем Приложении не ущемляет особых прав и обязательств по этой Конвенции.

Статья 15
Поправки или изменения

1. В настоящее Приложение может быть внесена поправка или оно может быть изменено путем принятия меры в соответствии со Статьей IX(1) Договора об Антарктике. Если в самой мере не предусмотрено иного, поправка или изменение считаются принятыми и вступают в силу через один год после закрытия Консультативного совещания по Договору об Антарктике, на котором они были приняты, если только одна или несколько Консультативных сторон Договора об Антарктике не уведомят Депозитария в течение этого периода времени о своем желании продлить этот период или о невозможности принять эту меру.

2. Любая поправка или изменение настоящего Приложения, которые вступают в силу в соответствии с пунктом 1 выше, затем вступают в силу для любой другой Стороны по получении от нее Депозитарием уведомления о принятии.

ПРИЛОЖЕНИЕ К РЕКОМЕНДАЦИИ XVI-10

ПРИЛОЖЕНИЕ V
К ПРОТОКОЛУ ПО ОХРАНЕ ОКРУЖАЮЩЕЙ СРЕДЫ К ДОГОВОРУ ОБ АНТАРКТИКЕ

ОХРАНА И УПРАВЛЕНИЕ РАЙОНАМИ

СТАТЬЯ 1
Определения

Для целей настоящего Приложения:

(a) надлежащая инстанция означает любое лицо или учреждение, уполномоченное Стороной выдавать разрешения, предусмотренные настоящим Приложением;

(b) “разрешение” означает официальное разрешение в письменном виде, выданное надлежащей инстанцией;

(c) “план управления” означает план по управлению деятельностью и позащите особой ценности или ценностей в Антарктическом особо охраняемом районе или Антарктическом особо управляемом районе.

СТАТЬЯ 2
Цели

Для целей, установленных в настоящем Приложении, любой район, включая любой морской район, может быть определен как Антарктический особо охраняемый район или Антарктический особо управляемый район. Деятельность в этих районах запрещается, ограничивается или управляется в соответствии с планами управления, принимаемыми в соответствии с положениями настоящего Приложения.

СТАТЬЯ 3
Антарктические особо охраняемые районы

1. Любой район, включая любой морской район, может быть определен как Антарктический особо охраняемый район в целях охраны исключительно важных экологических, научных, исторических, эстетических или

первозданных природных ценностей, любого сочетания этих ценностей или ведущихся или планируемых научных иаследований.

2. Стороны будут стремиться определять в систематических эколого-географических рамках и включать в категорию Антарктических особо охраняемых районов:

(a) районы, не подвергшиеся человеческому воздействию с тем, чтобы в будущем было возможно сравнение с местностями, испытавшими влияние деятельности человека;

(b) характерные образцы основных наземных, включая ледниковые и акватические, экосистем и морских экосистем;

(c) районы высокой концентрации или необычного сочетания видов, включая основные колонии размножающихся местных птиц или млекопитающих;

(d) типичные или единственные известные места обитания любых видов;

(e) районы, представляющие особый интерес для проводимых или планируемых научных исследований;

(f) образцы исключительных геологических, гляциологических или геоморфологических особенностей;

(g) районы исключительной эстетическойили первозданной природной ценности;

(h) участки или памятники признанной исторической ценности; и

(i) любые другие районы, которые целесообразно включить в эту категорию для охраны ценностей, перечисленных в пункте 1 выше.

3. Особо охраняемые районы и Участки особого научного интереса, определенные в качестве таковых предыдущими Консультативными совещаниями по Договору об Антарктике, настоящим определяются как Антарктические особо охраняемые районы и будут соответственно переименованы и пронумерованы.

4. Доступ в Антарктический особо охраняемый р айон разрешается только в соответствии с разрешением, выданным на основании Статьи 7.

СТАТЬЯ 4

Антарктические особо управляемые районы

1. Любой район, включая любой морской район, где проводиться или может проводиться в будущем какая-либо деятельность, может быть определен как Антарктический особо управляемый район в целях содействия планированию и координации деятельности, предотвращения возможных конфликтов,

совершенствования сотрудничества между Сторонами и сведения к минимуму воздействия на окружающую среду.

2. Антарктические особо улравляеиые районы могут включать:

(a) районы, где деятельность влечет за собой опасность взаимных помех и кумулятивного воздействия на окружающую среду; и

(b) места и памятники признанной исторической ценности.

3. Разрешение для доступа в Антарктический особо управляемый район не требуется.

4. В Антарктический особо управляемый район могут входить один или несколько Антарктических особо охраняемых районов, доступ в которые несмотря на пункт 3 выше разрешается только в соответствии с разрешением, выданным на основании Статьи 7.

Статья 5

Планы управления

1. Любая Сторона, Комитет, Научный комитет по антарктическим исследованиям или Комиссия по сохранению морских живых ресурсов Антарктики может предложить определить тот или иной район в качестве Антарктического особо охраняемого района или Антарктического особо

управляемого района, представив предлагаемый план управления Консультативному совещанию по Договору об Антарктике.

2. Район, который предлагается таким образом определить, должен иметь достаточные размеры для защиты ценностей, нуждающихся в особой охране или управлении.

3. Предлагаемые планы управления соответственно включают:

(a) описание ценности или ценностей, нуждающихся в особой охране или особом управлении;

(b) изложение целей и задач плана управления, направленного на охрану этих ценностей или управление ими;

(c) организационную деятельность, которую предстоит провести для защиты ценностей, нуждающихся в особой охране или особом управлении;

(d) срок действия, если требуется;

(e) описание района, включая:

(i) географические координаты, специальные знаки и характерные естественные признаки, определяющие границы района;

(ii) доступ в район с суши, моря или воздуха, включая подходы с моря и якорные стоянки судов, пешеходные и автотрассы в пределах района, а также воздушные тралы и посадочные площадки;

(iii) места расположения сооружений, включая научные станции, средства обеспечения научной деятельности и убежища как в пределах данного района, так и вблизи него; и

(iv) местонахождение в пределах или вблизи данного района других Антарктических особо охраняемых районов или Антарктических особо управляемых районов, определенных на основе настоящего Приложения, или других охраняемых районов, определенных в соответствии с мерами, принятыми в рамках других компонентов системы договора об Антарктике;

(f) определение участков внутри данного района, на которых деятельность должна быть запрещена, ограничена или управляема для достижения целей и задач, указанных в подпункте (Ь) выше;

(g) карты и фотографии, четко указывающие пределы данного района в привязке к характерным признакам окружающей местности и основным характерным особенностям внутри района;

(h) обоснование;

(i) для района, который предлагается определить в качестве Антарктического особо охраняемого района, четкое описание условий выдачи разрешений надлежащими инстанциями в отношении:

 (i) доступа в район и передвижения внутри него и через него;

 (ii) видов проводимой или предполагаемой к проведению деятельности внутри данного района, включая временные и пространственные ограничения;

 (iii) возведения, изменения или удаления сооружений;

 (iv) размещения полевых лагерей;

 (v) ограничений на материалы или организмы, которые могут доставляться в район;

 (vi) изъятия местной флоры и фауны или вредного воздействия на них;

 (vii) сбора или вывоза чего-либо, что не было доставлено в район держателем разрешения;

(viii) удаления отходов;

(ix) мер, которые могут быть необходимы для обеспечения соответствия целям и задачам плана управления; и

(x) требований в отношении отчетов надлежащим инстанциям о посещении района;

(j) для района, который предлагается определить в качестве Антарктического особо управляемого района, кодекс поведения в отношении:

(i) доступа в район и передвижения внутри него и через него;

(ii) видов проводимой или предполагаемой к проведению деятельности внутри данного района, включая временные и пространственные ограничения;

(iii) возведения, изменения или удаления сооружений;

(iv) размещения полевых лагерей;

(v) изъятия местной флоры и фауны или вредного воздействия на них;

(vi) сбора или вывоза чего-либо, что не было доставлено в район держателем разрешения;

(vii) удаления отходов;

(viii) требований в отношении отчетов надлежащим инстанциям о посещении района;

(k) положений, касающихся случаев, когда Сторонам следует заранее обмениваться информацией относительно предполагаемой к проведению деятельности.

СТАТЬЯ 6

Процедуры определения района

1. Предлагаемые планы управления представляются в Комитет, Научный комитет по антарктическим исследованиям и, в соответствующих случаях, в Комиссию по сохранению морских живых ресурсов Антарктики. Формулируя свое мнение для представления Консультативному совещанию по Договору об Антарктике, Комитет должен учесть любые замечания, представленные Научным комитетом по антарктическим исследованиям и, в соответствующих случаях, Комиссией по сохранению морских живых ресурсов Антарктики. После этого планы управления могут быть одобрены Консультативными сторонами Договора об Антарктике на Консультативном совещании по Договору об Антарктике путем принятия меры в соответствии со Статьей IX (1) Договора об Антарктике. Если сама мера не предусматривает иного, план

считается принятым через 90 дней после закрытия Консультативного совещания по Договору об Антарктике, на котором она была одобрена, если одна или несколько Консультативных сторон не уведомят Депозитария в течение этого периода времени о своем желании продлить этот период или о невозможности принять эту меру.

2. Учитывая положения Статей 4 и 5 Протокола, никакой морской район не может быть определен как Антарктический особо охраняемый район или Антарктический особо управляемый район без предварительного одобрения Комиссией по сохранению морских живых ресурсов Антарктики.

3. Если в плане управления не содержится иных указаний, районы определяются в качестве Антарктических особо охраняемых районов или Антарктических особо управляемых районов на неограниченный период. Обзор плана управления осуществляется не реже одного раза в пять лет. Он обновляется по мере необходимости.

4. Планы управления могут дополняться или отменяться в соответствии с пунктом 1 выше.

5. После принятия планы управления незамедлительно рассылаются Депозитарием всем Сторонам. Депозитарий ведет реестр всех принятых на данный момент планов Управления.

СТАТЬЯ 7
Разрешения

1. Каждая Сторона назначает надлежащую инстанцию для выдачи разрешений на доступ и осуществление деятельности в Антарктических особо охраняемых районах в соответствии с требованиями плана управления для данного Района. Разрешение сопровождается соответствующими разделами плана управления и должно определять размеры и местоположение Района, разрешенные виды деятельности, где, когда и кем они разрешены, а также любые другие условия, предусмотренные в плане управления.

2. В случае Особо охраняемых районов, определенных в качестве таковых предыдущими Консультативными совещаниями по Договору об Антарктике, для которых не имеется плана управления, надлежащая инстанция может выдать разрешение для выполнения обоснованной научной деятельности,

проведение которой невозможно в другом месте и которая не ставит под угрозу природную экосистему, существующую в данном районе.

3. Каждая Сторона будет требовать от держателя разрешения во время его пребывания в данном Антарктическом особо охраняемом районе постоянно иметь при себе копию разрешения.

СТАТЬЯ 8

Исторические места и памятники

1. Места и памятники признанной исторической ценности, определенные в качестве Антарктических особо охраняемых районов или Антарктических особо управляемых районов или расположенные внутри таких районов, включаются в перечень исторических мест и памятников.

2. Любая Сторона может предложить какое-либо место или памятник признанной исторической ценности, не определенные как Антарктический особо охраняемый район или Антарктический особо управляемый район или не расположенные внутри таких районов, для включения в перечень исторических мест и памятников. Предложение о включении его в перечень может быть одобрено Консультативными сторонами Договора об Антарктике на Консультативном совещании по Договору об Антарктике путем принятия меры в соответствии со Статьей IX (1) Договора об Антарктике. Если сама мера не предусматривает иного, предложение считается принятым через 90 дней после закрытия Консультативного совещания по Договору об Антарктике, на котором она была одобрена, если только одна или несколько Консультативных сторон не уведомят Депозитария в течение этого периода о своем желании продлить этот период или о невозможности принять эту меру.

3. Существующие исторические места и памятники, включенные в перечень предыдущими Консультативными совещаниями по Договору об Антарктике, включаются в перечень исторических мест и памятников, предусмотренный данной Статьей.

4. Включенные в перечень исторические места и памятники запрещается повреждать, перемещать или разрушать.

5. В перечень исторических мест и памятников могут вноситься поправки в соответствии с пунктом 2 выше. Депозитарий ведет перечень существующих исторических мест и памятников.

СТАТЬЯ 9

Информация и доступ к ней общественности

1. С тем, чтобы все лица, посещающие или планирующие посетить Антарктику, понимали и соблюдали положения, содержащиеся в настоящем

Приложении, каждая Сторона делает доступной для общественности информацию, в которой указывается, в частности:

(a) местоположение Антарктических особо охраняемых районов и Антарктических особо управляемых районов;

(b) списки и карты этих районов;

(c) планы управления, включая перечни запретов, действующих в каждом районе;

(d) расположение исторических мест и памятников и любые относящиеся к ним запрещения и ограничения.

2. Каждая Сторона обеспечит указание мест расположения и, если это возможно, границ Антарктических особо охраняемых районов, Антарктических особо управляемых районов и исторических мест и памятников на своих топографических и гидрографических картах и в других соответствующих публикациях.

3. Стороны сотрудничают в целях обеспечения, где необходимо, правильного обозначения на местах границ Антарктических особо охраняемых районов, Антарктических особо управляемых районов и исторических мест и памятников.

СТАТЬЯ 10

Обмен информацией

1. Стороны предусмотрят:

(a) сбор и обмен сведениями, включая сведения о выданных разрешениях на посещение, включая инспекционные посещения, Антарктических особо охраняемых районов и отчеты об инспекционных посещениях Антарктических особо управляемых районов;

(b) получение и обмен информацией относительно любых существенных изменений или ущерба, нанесенного любому Антарктическому особо охраняемому району, Антарктическому особо управляемому району или историческому месту и памятнику;

(c) разработку единых форм для обязательного представления Сторонами реестров и информации в соответствии с пунктом 2 ниже.

2. Каждая Сторона в обязательном порядке будет информировать другие Стороны и Комитет до конца ноября каждого года о количестве и характере

разрешений, выданных на основе настоящего Приложения за предыдущий период с 1 июля по 30 июня.

3. Каждая Сторона, осуществляя, финансируя или разрешая научные исследования или другую деятельность в Антарктических особо охраняемых районах или Антарктических особо управляемых районах, регистрирует такую деятельность и включает краткое общее описание деятельности, осуществленной в таких районах в предыдущий год лицами под ее юрисдикцией, в научный обмен информацией в соответствии с Договором об Антарктике.

4. Каждая Сторона информирует другие Стороны и Комитет до конца ноября каждого года о принятых ею мерах по осуществлению настоящего Приложения, включая любые инспекции на местах и любые предпринятые ею шаги по обращению в инстанции относительно деятельности, нарушающей положения одобренного плана управления для Антарктического особо охраняемого района или Антарктического особо управляемого района.

СТАТЬЯ 11

Чрезвычайные ситуации

1. Перечисленные и разрешенные в настоящем Приложении ограничения не применяются в чрезвычайных ситуациях, связанных с безопасностью человеческой жизни или судов и самолетов, или оборудования и средств обслуживания, представляющих большую ценность, или охраной окружающей среды.

2. Уведомление о предпринятой в чрезвычайных ситуациях деятельности немедленно направляется всем Сторонам и Комитету.

СТАТЬЯ 12

Поправки или изменения

1. В настоящее Приложение может быть внесена поправка или оно может быть изменено путем принятия меры в соответствии со Статьей IX (1) Договора об Антарктике. Если сама мера не предусматривает иного, поправка или изменение считаются принятыми и вступают в силу через один год после закрытия Консультативного совещания по Договору об Антарктике, на котором они были одобрены, если только одна или несколько Консультативных сторон Договора об Антарктике не уведомят Депозитария в течение этого периода

времени о своем желании продлить этот период или о невозможности принять эту меру.

2. Любая поправка или изменение настоящего Приложения, которое вступает в силу в соответствии с пунктом 1 выше, затем вступают в силу для любой другой Стороны по получении от нее Депозитарием уведомления о принятии.

Приложение VI к Протоколу по охране окружающей среды к Договору об Антарктике

«Материальная ответственность, возникающая в результате чрезвычайных экологических ситуаций»

Преамбула

Стороны,

Признавая значение предотвращения, минимизации и ограничения масштабов воздействия чрезвычайных экологических ситуаций на окружающую среду Антарктики, а также зависящие от нее и связанные с ней экосистемы;

Напоминая о Статье 3 Протокола, в частности, о том, что деятельность должна планироваться и осуществляться в районе действия Договора об Антарктике таким образом, чтобы отдавать приоритетное значение научной деятельности и сохранять значимость Антарктики как района проведения таких исследований;

Напоминая об обязательстве обеспечивать незамедлительные и эффективные ответные действия в отношении чрезвычайных экологических ситуаций и составлять планы действий в чрезвычайных ситуациях для реагирования на случаи, которые могут оказать отрицательное влияние на окружающую среду Антарктики или зависящие от нее и связанные с ней экосистемы, как указано в Статье 15 Протокола;

Напоминая о Статье 16 Протокола, в которой Стороны Протокола обязались, в соответствии целями Протокола, предусматривающими всеобъемлющую охрану окружающей среды Антарктики и зависящих от нее и связанных с ней экосистем, разработать в рамках одного или нескольких Приложений к Протоколу правила и процедуры, касающиеся материальной ответственности за ущерб, возникающий в результате деятельности в районе действия Договора об Антарктике, на которую распространяется Протокол;

Отмечая также Решение 3 (2001) XXIV Консультативного совещания по Договору об Антарктике о разработке Приложения по вопросам материальной ответственности в связи с чрезвычайными экологическими ситуациями как шага к созданию режима ответственности в соответствии со Статьей 16 Протокола;

Принимая во внимание Статью IV Договора об Антарктике и Статью 8 Протокола;

Статья 1

Сфера применения Приложения

Настоящее Приложение распространяется на чрезвычайные экологические ситуации в районе действия Договора об Антарктике, которые возникают в связи с осуществлением научно-исследовательских программ, туризмом и всеми другими видами правительственной и неправительственной деятельности в районе действия Договора об Антарктике, включая связанную с ней логистическую деятельность, в отношении которых Статья VII (5) Договора об Антарктике предусматривает направление заблаговременного уведомления. Кроме того, настоящее Приложение охватывает меры и планы по предотвращению таких чрезвычайных ситуаций и осуществлению ответных действий. Оно распространяется на все туристические суда, которые заходят в район действия Договора об Антарктике. Как это может быть установлено в соответствии со Статьей 13, оно также должно распространяться на чрезвычайные экологические ситуации в районе действия Договора об Антарктике, которые связаны с другими судами и видами деятельности.

Статья 2

Определения

Для целей настоящего Приложения:

a) «Решение» означает Решение, принятое в соответствии с Правилами процедуры Консультативных совещаний по Договору об Антарктике и упомянутое в Решении 1 (1995) XIX Консультативного совещания по Договору об Антарктике;

b) «Чрезвычайная экологическая ситуация» означает любой инцидент, произошедший после вступления в силу настоящего Приложения, который оказывает любое значительное и вредное воздействие на окружающую среду Антарктики, или создает неотвратимую угрозу такого воздействия;

c) «Оператор» означает любое физическое или юридическое лицо – будь-то государственное или негосударственное – организующее деятельность, которая должна осуществляться в районе действия Договора об Антарктике. Понятие «оператор» не включает физических лиц, являющихся сотрудниками, подрядчиками, субподрядчиками или агентами, или находящихся на службе у физического или юридического лица – будь-то государственного или негосударственного – организующее деятельность, которая должна осуществляться в районе действия Договора об Антарктике, а также не включает юридических лиц, являющихся подрядчиками или субподрядчиками, действующими от имени государственного оператора.

d) «Оператор Стороны» означает оператора, организующего деятельность, которая должна осуществляться в районе действия Договора об Антарктике, действуя на территории этой Стороны, и

(i) такая деятельность в районе действия Договора об Антарктике должна быть санкционирована этой Стороной; или

(ii) когда Сторона формально не санкционирует деятельности в районе действия Договора об Антарктике, такая деятельность проходит сопоставимый регулирующий процесс, установленный этой Стороной.

Термины «ее оператор», «Сторона оператора» и «Сторона этого оператора» подлежат толкованию в соответствии с настоящим определением.

(e) «Разумные», в применении к профилактическим мерам и ответным действиям, означает меры или действия, которые являются целесообразными, практически осуществимыми, пропорциональными и учитывают наличие объективных критериев и информации, включая:

(i) опасность для окружающей среды Антарктики и темпы ее естественного восстановления;

(ii) угрозу для жизни и безопасности человека; и

(iii) техническую и экономическую осуществимость.

(f) «Ответные действия» означают разумные меры, которые должны быть предприняты после возникновения чрезвычайной экологической ситуации в целях предотвращения, минимизации или ограничения масштабов воздействия этой чрезвычайной экологической ситуации, которые с этой целью могут включать очистку территории в соответствующих обстоятельствах, и охватывают, в том числе, определение масштабов этой чрезвычайной ситуации и ее воздействия.

(g) «Стороны» означает Государства, для которых настоящее Приложение вступило в силу в соответствии со Статьей 9 Протокола.

Статья 3

Профилактические меры

1. Каждая Сторона требует, чтобы ее операторы осуществляли разумные профилактические меры, направленные на снижение риска возникновения чрезвычайных экологических ситуаций и их возможного неблагоприятного воздействия.

2. К числу профилактических мер могут относиться:

(a) специальные конструкции или оборудование, предусмотренные при проектировании и строительстве объектов и транспортных средств;

(b) специальные процедуры, применяемые в процессе эксплуатации или технического обслуживания объектов и транспортных средств; и

c) специальная подготовка персонала.

Статья 4

Планы действий в чрезвычайных ситуациях

1. Каждая Сторона требует, чтобы ее операторы

a) составляли планы действий в чрезвычайных ситуациях в целях принятия ответных мер в случае происшествий, которые могут оказать неблагоприятное воздействие на окружающую среду Антарктики или зависящие от нее или связанные с ней экосистемы; и

b) осуществляли взаимодействие при составлении и реализации таких планов действий.

2. Планы действий в чрезвычайных ситуациях включают, по мере необходимости, следующие компоненты:

(a) процедуры оценки характера происшествия;

(b) процедуры уведомления;

(c) определение и мобилизация ресурсов;

(d) планы ответных действий;

(e) подготовка персонала;

(f) ведение учета; и

g) демобилизация.

3. Каждая Сторона разрабатывает и применяет процедуры незамедлительного уведомления о чрезвычайных экологических ситуациях и принятия совместных ответных мер в таких ситуациях, а также оказывает содействие в применении процедур уведомления и принятии совместных ответных мер ее операторами, по вине которых возникают чрезвычайные экологические ситуации.

Статья 5

Ответные действия

1. Каждая Сторона требует, чтобы каждый из ее операторов осуществлял незамедлительные и эффективные ответные действия в чрезвычайных экологических ситуациях, возникающих в результате деятельности этого оператора.

2. В случае если оператор не предпримет незамедлительных и эффективных ответных действий, Стороне этого оператора и другим Сторонам рекомендуется предпринять такие действия, в том числе через своих агентов и операторов, которым они дали специальные полномочия на осуществление таких действий от их имени.

3. a) Другие Стороны, которые хотят предпринять ответные действия при возникновении чрезвычайной экологической ситуации в соответствии с пунктом 2 выше, заблаговременно уведомляют о своем намерении Сторону оператора и Секретариат Договора об Антарктике с тем, чтобы Сторона оператора сама предприняла ответные действия, за исключением ситуаций, когда угроза значительного и вредного воздействия на окружающую среду Антарктики носит неотвратимый характер и осуществление незамедлительных ответных действий было бы разумным с учетом всех обстоятельств; в этом случае они в кратчайшие сроки направляют уведомление Стороне оператора и Секретариату Договора об Антарктике.

b) Такие другие Стороны не предпринимают ответных действий при возникновении чрезвычайной экологической ситуации в соответствии с пунктом 2 выше, если только не существует неотвратимой угрозы значительного и вредного воздействия на окружающую среду Антарктики, и осуществление незамедлительных ответных действий было бы разумным с учетом всех обстоятельств, или Сторона оператора в течение разумного периода времени не направила в Секретариат Договора об Антарктике уведомления о том, что она сама предпримет ответные действия, или если эти ответные действия не были предприняты в течение разумного периода времени после направления такого уведомления.

c) В случае если Сторона оператора сама предпринимает ответные действия, но хочет получить содействие другой Стороны или Сторон, Сторона оператора координирует эти ответные действия.

4. Однако, если непонятно, какая Сторона является Стороной оператора (если таковая вообще существует), или оказывается, что таких Сторон может быть больше одной, любая Сторона, предпринимающая ответные действия, прилагает все усилия к тому, чтобы провести необходимые консультации и, по мере

возможности, уведомить об этих обстоятельствах Секретариат Договора об Антарктике.

5. Стороны, предпринимающие ответные действия, проводят консультации и координируют свои действия со всеми другими Сторонами, которые предпринимают ответные действия, осуществляют деятельность вблизи района чрезвычайной экологической ситуации или иным образом затронуты этой чрезвычайной экологической ситуацией, и, по мере возможности, учитывают все соответствующие экспертные рекомендации, предоставленные делегациями постоянных наблюдателей на Консультативных совещаниях по Договору об Антарктике, другими организациями или другими компетентными экспертами.

Статья 6

Материальная ответственность

1. Оператор, не предпринявший незамедлительных и эффективных ответных действий в чрезвычайной экологической ситуации, возникшей в результате его деятельности, обязан выплатить стоимость ответных действий тем Сторонам, которые их предприняли на основании пункта 2 Статьи 5.

2. a) Если государственный оператор должен был предпринять незамедлительные и эффективные ответные действия, но не предпринял их, и ни одна из Сторон не предприняла никаких ответных действий, этот государственный оператор обязан выплатить стоимость ответных действий, которые следовало предпринять, в фонд, упомянутый в Статье 12.

   b) Если негосударственный оператор должен был предпринять незамедлительные и эффективные ответные действия, но не предпринял их, и ни одна из Сторон не предприняла никаких ответных действий, этот негосударственный оператор обязан выплатить сумму средств, отражающую, в максимально возможной степени, стоимость ответных действий, которые следовало предпринять. Эти средства выплачиваются непосредственно в фонд, упомянутый в Статье 12, Стороне этого оператора, или Стороне, применяющей механизм, упомянутый в пункте 3 Статьи 7. Сторона, получившая такие средства, должна сделать все возможное, чтобы перечислить взнос в фонд, упомянутый в Статье 12, в размере, равном, как минимум, сумме средств, полученных от оператора.

3. Материальная ответственность является строгой.

4. Если чрезвычайная экологическая ситуация возникает в результате деятельности двух или более операторов, они несут солидарную ответственность за исключением того, что оператор, доказавший, что его деятельность была лишь

частичной причиной возникшей чрезвычайной экологической ситуации, несет ответственность только за свою часть.

5. Несмотря на то, что в соответствии с настоящей Статьей Сторона несет ответственность за невыполнение незамедлительных и эффективных ответных действий в чрезвычайных экологических ситуациях, созданных военными кораблями, военно-вспомогательными или иными водными или воздушными судами, принадлежащими этой Стороне или эксплуатируемыми этой Стороной и используемыми в настоящее время только для государственной некоммерческой службы, ничто в настоящем Приложении не должно затрагивать суверенного иммунитета таких военных кораблей, военно-вспомогательных или иных водных или воздушных судов, существующего в рамках международного права.

Статья 7

Иски

1. Только та Сторона, которая предприняла ответные действия в соответствии с пунктом 2 Статьи 5, может возбудить иск против негосударственного оператора в связи с материальной ответственностью, вытекающей из пункта 1 Статьи 6, и такой иск может быть возбужден в судах не более чем одной Стороны, где оператор зарегистрирован как юридическое лицо или где он ведет основную деятельность, или где имеет постоянное место жительства. Однако, если оператор не зарегистрирован как юридическое лицо на территории Стороны, или не ведет основную деятельность, или не имеет постоянного места жительства на территории Стороны, иск может быть возбужден в судах Стороны оператора в пределах значения подпункта (d) Статьи 2. Такие иски о компенсации предъявляются в течение трех лет с того момента, когда были предприняты первые ответные действия, или в течение трех лет с того дня, когда Сторона, возбудившая иск, установила или имела все основания для установления личности оператора, в зависимости от того, что произошло позднее. В любом случае иск против негосударственного оператора не может быть возбужден позднее, чем через 15 лет после того, как были предприняты первые ответные действия.

2. Каждая Сторона принимает меры к тому, чтобы ее суды имели необходимую юрисдикцию для рассмотрения исков в соответствии с пунктом 1 выше.

3. Каждая Сторона принимает меры к тому, чтобы в ее внутреннем законодательстве был механизм для принудительного применения пункта 2(b) Статьи 6 в отношении любого из ее негосударственных операторов в пределах значения подпункта (c) Статьи 2, а также, по мере возможности, любого негосударственного оператора, который зарегистрирован как юридическое лицо или ведет основную деятельность, или имеет постоянное место жительства на территории этой Стороны. В соответствии с пунктом 3 Статьи 13 Протокола каждая Сторона сообщает об этом механизме всем остальным Сторонам. В тех

случаях, когда несколько Сторон могут применить к конкретному негосударственному оператору пункт 2(b) Статьи 6 на основании настоящего пункта, эти Стороны консультируются друг с другом относительно того, какая из Сторон должна предпринять принудительные действия. Механизм, упомянутый в настоящем пункте, не может быть применен позднее, чем через 15 лет после того, как Стороне, запрашивающей применения этого механизма, стало известно о чрезвычайной экологической ситуации.

4. Вопрос о материальной ответственности Стороны как государственного оператора в рамках пункта 1 Статьи 6 подлежит урегулированию только в соответствии с любой процедурой расследования, которая может быть установлена Сторонами, положениями Статей 18, 19 и 20 Протокола и, насколько это применимо, Дополнения к Протоколу, касающегося арбитража.

5. a) Вопрос о материальной ответственности Стороны как государственного оператора в рамках пункта 2(a) Статьи 6 подлежит урегулированию только Консультативным совещанием по Договору об Антарктике и, если вопрос остается неурегулированным, только в соответствии с любой процедурой расследования, которая может быть установлена Сторонами, положениями Статей 18, 19 и 20 Протокола и, насколько это применимо, Дополнения к Протоколу, касающегося арбитража.

b) Стоимость ответных действий, которые следовало предпринять и которые не были предприняты, выплачиваемая государственным оператором в фонд, упомянутый в Статье 12, одобряется Решением. Консультативное совещание по Договору об Антарктике проводит необходимые консультации с Комитетом по охране окружающей среды.

6. Положения пунктов 4 и 5 Статьи 19, а также пункта 1 Статьи 20 Протокола и, насколько это применимо, Дополнения к Протоколу, касающегося арбитража, распространяются в рамках настоящего Приложения только на ответственность Стороны как государственного оператора в отношении компенсации за ответные действия, которые были предприняты при возникновении чрезвычайной экологической ситуации, или в отношении платежа в фонд.

Статья 8

Освобождение от материальной ответственности

1. Оператор не несет ответственности, предусмотренной в Статье 6, если он сможет доказать, что чрезвычайная экологическая ситуация возникла в результате:

a) действия или бездействия, необходимого для защиты жизни или обеспечения безопасности людей;

b) события, которое в условиях Антарктики является стихийным бедствием исключительного характера, которое невозможно было предвидеть – либо вообще, либо в данном случае – при условии, что были приняты все разумные профилактические меры, направленные на снижение риска возникновения чрезвычайных экологических ситуаций и их возможного неблагоприятного воздействия;

c) террористического акта; или

d) акта агрессии, направленного против деятельности оператора.

2. Сторона или ее агенты или операторы, которым она дала специальные полномочия на осуществление таких действий от ее имени, не несут ответственности за чрезвычайную экологическую ситуацию, возникшую в результате ответных действий, предпринятых ими в соответствии с пунктом 2 Статьи 5, в той степени, в какой эти ответные действия были целесообразны с учетом всех обстоятельств.

Статья 9

Пределы ответственности

1. Устанавливаются следующие максимальные суммы, которые каждый оператор может выплачивать на основании пунктов 1 или 2 Статьи 6 в связи с каждой чрезвычайной экологической ситуацией:

a) в случае чрезвычайной экологической ситуации, возникшей в результате события с участием судна:

(i) один миллион СПЗ для судов вместимостью не более 2000 т;

(ii) |для судов, вместимость которых превышает указанный предел, устанавливаются следующие суммы в дополнение к упомянутой в подпункте (i) выше:

- за каждую тонну от 2 001 до 30 000 т – 400 СПЗ;
- за каждую тонну от 30 001 до 70 000 т – 300 СПЗ;
- за каждую тонну свыше 70 000 т – 200 СПЗ;

b) в случае чрезвычайной экологической ситуации, возникшей в результате события без участия судна – три миллиона СПЗ.

2. a) Несмотря на положения пункта 1(a) выше, настоящее Приложение не затрагивает:

(i) ответственности или права на ограничение ответственности, установленных в рамках любого применимого международного договора об ограничении ответственности; или

(ii) применения сформулированной в рамках такого договора оговорки об отказе от применения установленных в этом договоре пределов ответственности в отношении определенных исков;

при условии, что применимые пределы, как минимум, не меньше следующих:

для судов вместимостью не более 2000 т – один миллион СПЗ, а для судов, вместимость которых превышает указанный предел, дополнительно: для судов вместимостью от 2001 до 30 000 т – 400 СПЗ за каждую тонну, для судов вместимостью от 30 001 до 70 000 т – 300 СПЗ за каждую тонну, а за каждую тонну свыше 70 000 т – 200 СПЗ за каждую тонну.

b) Ничто в подпункте (a) выше не затрагивает ни пределов ответственности, установленных в пункте 1(a) выше, которые распространяются на Сторону как государственного оператора, ни прав и обязанностей Сторон, не являющихся сторонами таких вышеупомянутых договоров, ни применения пунктов 1 и 2 Статьи 7.

3. Ответственность не ограничивается, если доказано, что чрезвычайная экологическая ситуация возникла в результате действия или бездействия оператора, совершенного с намерением вызвать такую чрезвычайную ситуацию или по грубой неосторожности и с сознанием того, что это может привести к такой чрезвычайной ситуации.

4. Консультативное совещание по Договору об Антарктике пересматривает пределы ответственности, указанные в пунктах 1(a) и 1(b), один раз в три года или чаще по запросу одной из Сторон. Любое изменение этих пределов, определенное после проведения консультаций между Сторонами и с учетом рекомендаций, в том числе, научно-технических, производится так, как это указано в пункте 2 Статьи 13.

5. Для целей настоящей Статьи

a) «судно» означает эксплуатируемое в морской среде судно любого типа и включает суда на подводных крыльях, суда на воздушной подушке, подводные суда, плавучие средства, а также стационарные или плавучие платформы;

b) «СПЗ» означает Специальные права заимствования в соответствии с определением, установленным Международным валютным фондом;

c) вместимость судна означает валовую вместимость, определяемую в соответствии с правилами обмера судов, содержащимися в Приложении I к Международной конвенции по обмеру судов 1969 года.

Статья 10

Ответственность государства

Сторона не несет ответственности за непринятие оператором, за исключением ее государственных операторов, ответных действий, в той степени, в какой эта Сторона приняла необходимые меры в пределах своей компетенции, включая принятие законов и нормативных актов, осуществление административных действий и принудительных мер, для обеспечения исполнения настоящего Приложения.

Статья 11

Страхование и прочие виды финансового обеспечения

1. Каждая Сторона требует, чтобы ее операторы осуществляли необходимое страхование или имели иное финансовое обеспечение – например, гарантию банка или аналогичного финансового учреждения – покрывающее их материальную ответственность в рамках пункта 1 Статьи 6 в применимых пределах, указанных в пунктах 1 и 2 Статьи 9.

2. Каждая Сторона может требовать, чтобы ее операторы осуществляли необходимое страхование или имели иное финансовое обеспечение – например, гарантию банка или аналогичного финансового учреждения – покрывающее их материальную ответственность в рамках пункта 2 Статьи 6 в применимых пределах, указанных в пунктах 1 и 2 Статьи 9.

3. Несмотря на положения пунктов 1 и 2 выше, Сторона имеет право осуществлять самострахование в отношении своих государственных операторов, включая операторов, обеспечивающих проведение научных исследований.

Статья 12

Фонд

1. Секретариат Договора об Антарктике обеспечивает функционирование и управление фондом в соответствии с Решениями, включая решения о полномочиях, которые должны быть приняты Сторонами, *inter alia*, для возмещения разумных и обоснованных расходов, понесенных Стороной или Сторонами при осуществлении ответных действий в соответствии с пунктом 2 Статьи 5.

2. Любая Сторона или Стороны могут внести на рассмотрение Консультативного совещания по Договору об Антарктике предложение о возмещении расходов из средств фонда. Консультативное совещание по Договору об Антарктике может одобрить такое предложение, и в этом случае оно должно быть одобрено на

основании Решения. Консультативное совещание по Договору об Антарктике может, по мере необходимости, консультироваться по поводу такого предложения с Комитетом по охране окружающей среды.

3. Консультативное совещание по Договору об Антарктике, действуя в рамках пункта 2 выше, должным образом учитывает особые обстоятельства и критерии: например, то, что ответственный оператор является оператором Стороны, запрашивающей возмещения; невозможность установления личности ответственного оператора или тот факт, что на него не распространяются положения настоящего Приложения; непредвиденная неплатежеспособность соответствующей страховой компании или финансового учреждения; или применение Статьи 8 об освобождении от материальной ответственности.

4. Любое Государство или лицо может перечислять в фонд добровольные взносы.

Статья 13

Внесение поправок или изменений

1. Поправки или изменения к настоящему Приложению могут быть внесены на основании Меры, принятой в соответствии с пунктом 1 Статьи IX Договора об Антарктике.

2. В случае принятия Меры в связи с пунктом 4 Статьи 9, а также в любых других случаях, когда в соответствующей Мере не предусмотрено иного, поправка или изменение считаются одобренными и вступают в силу через один год после закрытия Консультативного совещания по Договору об Антарктике, на котором они были приняты, если только одна или несколько Консультативных сторон Договора об Антарктике не уведомят Депозитария в течение этого периода времени о своем желании продлить этот период или о невозможности одобрить эту меру.

3. Любая поправка или изменение настоящего Приложения, которые вступают в силу в соответствии с пунктом 1 или 2 выше, затем вступают в силу для любой другой Стороны по получении от нее Депозитарием уведомления об одобрении.

КОНВЕНЦИЯ О СОХРАНЕНИИ МОРСКИХ ЖИВЫХ РЕСУРСОВ АНТАРКТИКИ (АНТКОМ)

КОНФЕРЕНЦИЯ ПО СОХРАНЕНИЮ МОРСКИХ ЖИВЫХ РЕСУРСОВ АНТАРКТИКИ

КАНБЕРРА, 7 - 20 мая 1980 года

ЗАКЛЮЧИТЕЛЬНЫЙ АКТ

I

Правительства Аргентины, Австралии, Бельгии, Чили, Французской Республики, Германской Демократической Республики, Федеративной Республики Германии, Японии, Новой Зеландии, Норвегии, Польши, Южно-Африканской Республики, Союза Советских Социалистических Республик, Соединенного Королевства Великобритании и Северной Ирландии и Соединенных Штатов Америки,

Приняв приглашение правительства Австралии участвовать в Конференции по сохранению морских живых ресурсов Антарктики,

Назначили своих представителей, советников и наблюдателей, перечисленных ниже:

(перечень представителей фигурирует в тексте на английском языке)

Нижеследующие международные организации были приглашены австралийским правительством участвовать в Конференции в качестве наблюдателей, и назначили свои делегации, члены которых перечислены ниже:

(перечень представителей фигурирует в тексте на английском языке)

Конференция открылась в Канберре 7 мая 1980 г. под председательством г-на Дж.Е. Райана, представителя австралийской делегации. Генеральным секретарем был г-н Р.Г. Уиндам.

В соответствии с Правилами процедуры Конференции был учрежден Редакционный комитет, в состав которого вошли:

Г-н Дэвид ЭДУАРДС,Соединенное Королевство (Председатель)
Его Превосходительство, министр Рикардо Педро КВАДРИ, Аргентина
Г-н Жоакин Даниэль ОТЕРО, Аргентина
Г-н Джон БЭЙЛЕЙ, Австралия
Г-н Жуан ФОНТЕСИЛЬА, Чили
Г-н Сельсо МОРЕНО, Чили
Мисс Жознан КУРАТЬЕ, Франция
Г-н Жерар БОАВИНО, Франция
Г-н Джун ЙОКОТА, Япония
Г-н П.Д. ЭЛОФСЕН, Южная Африка
Др. В.В. ГОЛИЦЫН, СССР

Г-н Дэвид КОЛСОН, США

Заключительное заседание состоялось 20 мая 1980 года. В результате обсуждения Конференция выработала для подписания "Конвенцию о сохранении морских живых ресурсов Антарктики", текст которой прилагается к настоящему документу.

Конференция также решила включить в Заключительный акт текст нижеследующего заявления, сделанного Председателем 19 мая 1980 г. относительно применения Конвенции о сохранении морских живых ресурсов Антарктики к водам, примыкающим к островам Кергелен и Крозе, находящимся под юрисдикцией Франции, и к водам, примыкающим к другим островам в конвенционном районе, в отношении которых существование государственного суверенитета признается всеми Договаривающимися странами.

1. Меры по сохранению морских живых ресурсов Антарктики в водах, примыкающих к находящимся под юрисдикцией Франции островам Кергелен и Крозе, принятые Францией до вступления в силу Конвенции, оставались бы в силе после вступления в силу Конвенции до тех пор, пока они не будут изменены Францией в рамках Комиссии или иным образом.

2. После вступления в силу Конвенции каждый раз при рассмотрении Комиссией вопроса о потребностях в деле сохранения морских живых ресурсов всего района, в котором находятся воды, примыкающие к островам Кергелен и Крозе, Франция была бы свободна либо согласиться с тем, что воды, о которых идет речь, должны быть включены в район применения любых рассматриваемых конкретных мер по сохранению, либо указать, что они должны быть исключены. В последнем случае Комиссия не приступила бы к принятию конкретной меры по сохранению в форме, применимой к водам, о которых идет речь, если бы Франция не сняла своих возражений против этого. Франция также могла бы принять такие национальные меры в отношении данных вод, какие она сочла бы целесообразными.

3. Следовательно, когда в рамках Комиссии рассматривались бы с участием Франции конкретные меры по сохранению, то в этом случае:

   (a) для Франции были бы обязательными любые меры по сохранению, принятые на основе консенсуса с ее участием, в течение срока действия этих мер. Это не препятствовало бы Франции принимать национальные меры, которые были бы более строгими, чем меры, принятые Комиссией, или которые касались бы других вопросов;

   (b) при отсутствии консенсуса Франция могла бы принимать любые национальные меры, которые она сочла бы целесообразными.

4. Меры по сохранению, будь то национальные меры или меры, принятые Комиссией, в отношении вод, примыкающих к островам Кергелен и Крозе, осуществлялись бы Францией. Предусмотренная Конвенцией система наблюдения и инспекции применялась бы в водах, примыкающих к островам Кергелен и Крозе, лишь с согласия Франции и таким образом, как это было бы согласовано с ней.

5. Принимая, изложенные в пунктах 1-4 выше, в том, что касается применения Конвенции к водам, примыкающим к островам Кергелен и Крозе, также относятся к водам, примыкающим к островам в пределах конвенционного района, в отношении которых существование государственного суверенитета признается всеми Договаривающимися Сторонами.

Возражений против этого заявления сделано не было.

II

Конференция о сохранении морских ресурсов Антарктики

Отмечая, что окончательный режим по сохранению морских живых ресурсов Антарктики был разработан, и желая, чтобы этот режим вошел в силу как можно скорее;

Признавая, что промысел морских живых ресурсов Антарктики в настоящее время имеет место, и подчеркивая важное значение целей Конвенции о сохранении морских живых ресурсов Антарктики;

Признавая необходимость определять исследовательскую деятельность, призванную способствовать эффективному претворению Конвенции в жизнь, необходимость подчеркивать важность такой деятельности и сотрудничать в ней;

Желая далее способствовать претворению Конвенции в жизнь путем подчеркивания важного значения сбора научных и рыболовных данных, требующихся Научному комитету, который будет создан в соответствии с положениями Конвенции, для того, чтобы начать действенные операции по вступлению Конвенции в силу, равно как и путем координации этих данных;

<u>Призывает Стороны, имеющие право стать членами Комиссии</u>

1. Принять все возможные меры, чтобы как можно скорее претворить в жизнь Конвенцию о сохранении морских живых ресурсов Антарктики;

2. Помнить о принципах и целях Статьи II Конвенции и проявлять величайшую осторожность и заботу во всех операциях, связанных с промыслом морских живых ресурсов Антарктики в период до вступления Конвенции в силу и до обследования состояния популяций Научным комитетом, который будет учрежден в соответствии с Конвенцией о сохранении морских живых ресурсов Антарктики;

3. В той мере, насколько это реально возможно и осуществимо, сотрудничать широко и всесторонне в непрерывном расширении научной и рыболовной информации, необходимой для эффективного применения Конвенции о сохранении морских живых ресурсов Антарктики, и для достижения этой цели:

   (a) интенсифицировать исследования, относящиеся к морским живым ресурсам Антарктики;

   (b) определять, какие именно научные и рыболовные данные

нужны и каким образом эти данные должны собираться и обрабатываться, чтобы способствовать работе Научного комитета, который будет учрежден в соответствии с положениями Конвенции; и

(c) собирать научные и рыболовные данные, определенные в соответствии с подпунктом (b) выше, чтобы сообщать эти данные Договаривающимся Сторонам после вступления в силу Конвенции о сохранении морских живых ресурсов Антарктики.

III

Конференция по выработке Конвенции о сохранении морских живых ресурсов Антарктики

договорившись о тексте Конвенции, которой предусматривается создание Комиссии, Научного комитета по сохранению морских живых ресурсов Антарктики и Исполнительного секретариата;

признавая необходимость обследовать методы работы Исполнительного Секретаря и Секретариата, чтобы они могли начать свою работу как можно скорее после вступления в силу Конвенции;

принимает к сведению намерение депозитария созвать совещание представителей Сторон, имеющих право стать членами Комиссии, в пределах одного года после даты окончания периода, в течение которого Конвенция остается открытой для подписания, с целью рассмотрения шагов, могущих быть предпринятыми для содействия быстрому началу работ Комиссии, Научного комитета и Исполнительного Секретариата, когда эти органы будут учреждены.

IV

Конференция по сохранению морских живых ресурсов Антарктики постановляет:

1. выразить благодарность австралийскому правительству за его инициативу созыва настоящей Конференции и за подготовку последней;

2. выразить Председателю Конференции, г-ну Дж.Е.Райану, горячую благодарность за его исключительно умелое руководство Конференцией;

3. выразить благодарность должностным лицам и персоналу Секретариата за их непрестанные усилия для достижения целей Конференции.

V

Конференция по сохранению морских живых ресурсов Антарктики постановляет, что австралийское правительство должно быть уполномочено опубликовать Заключительный акт настоящей Конференции и приложенный к нему текст.

VI

Конференция по сохранению морских живых ресурсов Антарктики постановляет

выразить свою горячую благодарность австралийскому правительству за его предложение предоставить участок для штаб-квартиры Комиссии, которая должна быть учреждена в соответствии с Конвенцией.

Совершено в Канберре двадцатого мая 1980 года в одном единственном подлинном экземпляре, который будет сдан на хранение австралийскому правительству: последнее препроводит заверенную копию всем прочим участникам Конференции.

В подтверждение чего нижеследующие представители подписали настоящий Заключительный акт.

ТЕКСТ КОНВЕНЦИИ О СОХРАНЕНИИ МОРСКИХ ЖИВЫХ РЕСУРСОВ АНТАРКТИКИ

КОНВЕНЦИЯ О СОХРАНЕНИИ МОРСКИХ ЖИВЫХ РЕСУРСОВ АНТАРКТИКИ

Договаривающиеся Стороны,

ПРИЗНАВАЯ важность охраны окружающей среды и защиты целостности экосистемы морей, омывающих Антарктиду;

ПРИНИМАЯ ВО ВНИМАНИЕ концентрацию морских живых ресурсов в водах Антарктики и возросший интерес к возможностям использования этих ресурсов в качестве источника протеина;

СОЗНАВАЯ настоятельную необходимость обеспечения сохранения морских живых ресурсов Антарктики;

СЧИТАЯ необходимым расширение знаний о морской экосистеме Антарктики и ее компонентах с тем, чтобы иметь возможность принимать решения относительно промысла на основе правильной научной информации;

СЧИТАЯ, что сохранение морских живых ресурсов Антарктики требует международного сотрудничества с должным учетом положений Договора об Антарктике и при активном участии всех государств, ведущих исследования или промысел в антарктических водах;

ПРИЗНАВАЯ основную ответственность государств-участников Консультативных Совещаний по Договору об Антарктике в том, что касается охраны и защиты антарктической среды и, в частности, их ответственность в силу пункта 1 (f) Статьи IX Договора об Антарктике в отношении охраны и сохранения живых ресурсов в Антарктике;

НАПОМИНАЯ о шагах, уже предпринятых государствами-участниками Консультативных Совещаний по Договору об Антарктике, включая, в частности, Согласованные меры по охране фауны и флоры Антарктики, а также положения Конвенции о сохранении тюленей Антарктики;

ПРИНИМАЯ ВО ВНИМАНИЕ озабоченность сохранением морских живых ресурсов Антарктики, выраженную государствами-участниками Девятого Консультативного Совещания по Договору об Антарктике, и важное значение Рекомендации IX-2, приведшей к принятию настоящей Конвенции;

СЧИТАЯ, что интересам всего человечества отвечает сохранение вод, окружающих антарктический континент, для использования исключительно в мирных целях и предотвращение превращения их в арену или предмет международных разногласий;

ПРИЗНАВАЯ, в свете вышесказанного, что желательно создать надлежащий механизм для вынесения рекомендаций, содействия разработке, принятия решений и осуществления координации в том, что касается мер и научных исследований, необходимых для обеспечения сохранения морских живых ресурсов Антарктики;

СОГЛАСИЛИСЬ о нижеследующем:

СТАТЬЯ I

1. Настоящая Конвенция применяется к антарктическим морским живым ресурсам района к югу от 60°ю.ш. и к антарктическим морским живым ресурсам района, находящегося между этой широтой и Антарктической конвергенцией, которые являются частью морской экосистемы Антарктики.

2. Морские живые ресурсы Антарктики означают популяции плавниковых рыб, моллюсков, ракообразных и всех других видов живых организмов, включая птиц, обитающих к югу от Антарктической конвергенции.

3. Морская экосистема Антарктики означает комплекс взаимоотношений морских живых ресурсов Антарктики друг с другом и с окружающей их физической средой.

4. Антарктической конвергенцией считается линия, соединяющая следующие точки вдоль параллелей широты и меридианов долготы:

   50°ю.ш., 0°; 50°ю.ш., 30°в.д.; 45°ю.ш., 30°в.д.; 45°ю.ш., 80°в.д.; 55°ю.ш., 80°в.д.; 55°ю.ш., 150°в.д.; 60°ю.ш., 150°в.д.; 60°ю.ш., 50°з.д.; 50°ю.ш., 50°з.д.; 50°ю.ш., 0°.

СТАТЬЯ II

1. Целью настоящей Конвенции является сохранение морских живых ресурсов Антарктики.

2. Для целей настоящей Конвенции термин «сохранение» включает рациональное использование.

3. Любой промысел и связанная с ним деятельность в районе применения настоящей Конвенции проводятся в соответствии с положениями настоящей Конвенции и следующими принципами сохранения:

   (a) предотвращение сокращения численности любой вылавливаемой популяции до уровней, ниже таких, которые обеспечивают ее устойчивое пополнение. С этой целью не должно допускаться ее сокращение ниже уровня, близкого к тому, который обеспечивает наибольший чистый годовой прирост;

   (b) поддерживание экологических взаимосвязей между вылавливаемыми, зависящими от них и связанными с ними популяциями морских живых ресурсов Антарктики и восстановление истощенных популяций до уровней, определенных в подпункте (a) выше;

   (c) предотвращение изменений или сведение до минимума опасности изменений в морской экосистеме, которые являются потенциально необратимыми на протяжении двух или трех десятилетий, принимая во внимание состояние имеющихся знаний о прямом и косвенном воздействии промысла, влиянии внесения не свойственных данному району видов, последствиях связанной с этим деятельности для морской экосистемы и последствиях изменений в окружающей среде с тем, чтобы было возможно устойчивое сохранение морских живых ресурсов Антарктики.

СТАТЬЯ III

Договаривающиеся Стороны, независимо от того, являются они участниками Договора об Антарктике или нет, соглашаются, что в районе действия Договора об Антарктике они не будут осуществлять никакой деятельности, противоречащей принципам и целям этого Договора, и что в своих отношениях друг с другом они связаны обязательствами, содержащимися в Статьях I и V Договора об Антарктике.

СТАТЬЯ IV

1. В том, что касается района действия Договора об Антарктике, все Договаривающиеся Стороны, независимо от того, являются они участниками Договора об Антарктике или нет, в своих отношениях друг с другом связаны положениями Статей IV и VI Договора об Антарктике.

2. Ничто, содержащееся в настоящей Конвенции, и никакие действия или виды деятельности, имеющие место, пока настоящая Конвенция находится в силе:

   (a) не образуют основы для заявления, поддержания или отрицания какой-либо претензии на территориальный суверенитет в районе действия Договора об Антарктике и не создают никаких прав суверенитета в районе действия Договора об Антарктике;

   (b) не должны толковаться как отказ любой из Договаривающихся Сторон от какого-либо права или претензии, или основы для претензии, либо как их сокращение или как наносящее им ущерб в том, что касается осуществления юрисдикции прибрежного государства согласно международному праву в пределах района применения настоящей Конвенции;

   (c) не должны толковаться как наносящие ущерб позиции любой из Договаривающихся Сторон в отношении признания или непризнания ею любого такого права, претензии или основы для претензии;

   (d) не затрагивают положения пункта 2 Статьи IV Договора об Антарктике о том, что никакая новая претензия или расширение существующей претензии на территориальный суверенитет в Антарктике не заявляются, пока Договор об Антарктике находится в силе.

СТАТЬЯ V

1. Договаривающиеся Стороны, не являющиеся участниками Договора об Антарктике, признают особые обязательства и ответственность

Консультативных Сторон Договора об Антарктике, в том, что касается охраны и сохранения окружающей среды в сфере действия Договора об Антарктике.

2. Договаривающиеся Стороны, не являющиеся участниками Договора об Антарктике, соглашаются, что при осуществлении деятельности в районе действия Договора об Антарктике они будут соблюдать в соответствующих случаях Согласованные меры по охране фауны и флоры Антарктики и такие другие меры, какие были рекомендованы государствами-участниками Консультативных Совещаний по Договору об Антарктике в порядке осуществления ими своей ответственности за охрану окружающей среды Антарктики от всех видов пагубного вмешательства человека.

3. Для целей настоящей Конвенции термин «Консультативные Стороны Договора об Антарктике» означает Договаривающиеся Стороны Договора об Антарктике, представители которых участвуют в совещаниях, предусмотренных Статьей IX Договора об Антарктике.

СТАТЬЯ VI

Ничто, содержащееся в настоящей Конвенции, не умаляет прав и обязательств Договаривающихся Сторон Международной Конвенции о регулировании китобойного промысла и Конвенции о сохранении тюленей Антарктики.

СТАТЬЯ VII

1. Договаривающиеся Стороны настоящим учреждают и соглашаются содержать Комиссию по сохранению морских живых ресурсов Антарктики, в дальнейшем именуемую «Комиссией».

2. Членский состав Комиссии является следующим:

   (a) каждая Договаривающаяся Сторона, участвовавшая в совещании, на котором была принята настоящая Конвенция, является Членом Комиссии;

   (b) каждое государство-участник, присоединившееся к настоящей Конвенции согласно Статье XXIX, имеет право быть Членом Комиссии в течение того времени, пока эта присоединившаяся сторона ведет исследования или промысел морских ресурсов, к которым применяется настоящая Конвенция;

(c) каждая организация региональной экономической интеграции, присоединившаяся к настоящей Конвенции согласно Статье XXIX, имеет право быть Членом Комиссии в течение того времени, пока государства-члены этой организации имеют право на это;

(d) Договаривающаяся Сторона, желающая участвовать в работе Комиссии в соответствии с подпунктами (b) и (c) выше, уведомляет Депозитария о том, на какой основе она желает стать Членом Комиссии, и о своей готовности принять действующие меры по сохранению. Депозитарий сообщает каждому Члену Комиссии о таком уведомлении и сопровождающей его информации. В течение двух месяцев после получения от Депозитария такого сообщения любой Член Комиссии может обратиться с просьбой о проведении специальной сессии Комиссии для рассмотрения этого вопроса. По получении такой просьбы Депозитарий созывает такую сессию. При отсутствии просьбы о проведении сессии Договаривающаяся Сторона, направившая уведомление, считается отвечающей требованиям членства в Комиссии.

3. Каждый Член Комиссии будет представлен в ней одним представителем, которого могут сопровождать заместители представителя и советники.

СТАТЬЯ VIII

Комиссия является юридическим лицом и пользуется на территории каждого Договаривающегося Государства такой право- и дееспособностью, которые могут быть необходимы, чтобы позволить ей выполнять свои функции и достичь целей Конвенции. Привилегии и иммунитеты, которыми пользуется Комиссия и ее сотрудники на территории какого-либо Договаривающегося Государства, определяются соглашением между Комиссией и заинтересованным Договаривающимся Государством.

СТАТЬЯ IX

1. Функцией Комиссии является осуществление цели и принципов, изложенных в Статье II настоящей Конвенции. С этой целью она:

   (a) способствует проведению исследований и всестороннего изучения морских живых ресурсов Антарктики и антарктической морской экосистемы;

   (b) собирает данные о состоянии популяций морских живых ресурсов Антарктики, изменениях в них и о факторах, влияющих на распределение, численность и продуктивность вылавливаемых видов и зависящих от них или связанных с ними видов или популяций;

   (c) обеспечивает сбор статистических данных об уловах и промысловом усилии, в том, что касается вылавливаемых популяций;

   (d) анализирует, распространяет и публикует информацию, упомянутую в подпунктах (b) и (c) выше, и доклады Научного комитета;

   (e) устанавливает потребность в сохранении и анализирует эффективность мер по сохранению;

   (f) с учетом положений пункта 5 настоящей Статьи разрабатывает, принимает и пересматривает меры по сохранению на основе наилучшей имеющейся научной информации;

   (g) применяет систему наблюдения и инспекции, созданную в соответствии со Статьей XXIV настоящей Конвенции;

   (h) проводит такую другую деятельность, какая необходима для достижения цели настоящей Конвенции.

2. Упомянутые в пункте 1(f) выше меры по сохранению включают следующие:

   (a) определение количества любого вида, которое может вылавливаться в районе применения настоящей Конвенции;

   (b) определение районов и подрайонов на основе распределения популяций морских живых ресурсов Антарктики;

   (c) определение количества, которое может вылавливаться из популяций районов и подрайонов;

(d) определение охраняемых видов;

(e) определение размера, возраста и, в соответствующих случаях, пола видов, которые могут вылавливаться;

(f) определение сезонов, открытых и закрытых для промысла;

(g) определение открытых и закрытых зон, районов или подрайонов для целей научного изучения или сохранения, включая особые зоны охраны и научного изучения;

(h) регулирование промыслового усилия и методов лова, в том числе орудий лова, с целью, в частности, избежания излишнего сосредоточения промысла в каком-либо районе или подрайоне;

(i) принятие таких других мер по сохранению, какие Комиссия считает необходимыми для осуществления цели настоящей Конвенции, включая меры, касающиеся последствий промысла и связанной с ним деятельности для компонентов морской экосистемы, иных чем вылавливаемые популяции.

3. Комиссия публикует все действующие меры по сохранению и ведет их учет.

4. При выполнении своих функций, указанных в пункте 1 выше, Комиссия полностью учитывает рекомендации и мнение Научного комитета.

5. Комиссия полностью учитывает любые соответствующие меры или правила, принятые или рекомендованные Консультативными Совещаниями согласно Статье IX Договора об Антарктике, либо принятые или рекомендованные существующими комиссиями по рыболовству, ответственными за виды, которые могут оказаться в районе применения настоящей Конвенции, во избежание несоответствия между правами и обязательствами Договаривающейся Стороны, вытекающими из таких правил или мер, и мерами по сохранению, которые могут быть приняты Комиссией.

6. Меры по сохранению, принятые Комиссией в соответствии с настоящей Конвенцией, выполняются Членами Комиссии следующим образом:

   (a) Комиссия уведомляет все Члены Комиссии о мерах по сохранению;

   (b) меры по сохранению становятся обязательными для всех Членов Комиссии по истечении 180 дней после такого уведомления, за исключением случаев, предусмотренных в подпунктах (c) и (d) ниже;

   (c) если в течение 90 дней после уведомления, указанного в подпункте (a), Член Комиссии уведомит Комиссию о том, что он не может принять, полностью или частично, данную меру по сохранению, такая мера не становится в указанной степени обязательной для этого Члена Комиссии;

   (d) в случае, если какой-либо Член Комиссии прибегнет к процедуре, изложенной в подпункте (c) выше, Комиссия по просьбе любого из Членов Комиссии проведет сессию с целью рассмотрения такой меры по сохранению. Во время такой сессии и в течение 30 дней после нее, любой Член Комиссии имеет право заявить, что он более не может принять эту меру по сохранению, и в таком случае эта мера более не является обязательной для этого Члена Комиссии.

СТАТЬЯ X

1. Комиссия обращает внимание любого государства, не являющегося участником настоящей Конвенции, на любую деятельность, осуществляемую его гражданами или судами, которая, по мнению Комиссии, отрицательно влияет на достижение цели настоящей Конвенции.

2. Комиссия обращает внимание всех Договаривающихся Сторон на любую деятельность, которая, по мнению Комиссии, влияет на достижение какой-либо Договаривающейся Стороной цели настоящей Конвенции или выполнение такой Договаривающейся Стороной ее обязательств по настоящей Конвенции.

СТАТЬЯ XI

Комиссия будет стремиться сотрудничать с Договаривающимися Сторонами, которые могут осуществлять юрисдикцию в морских районах, прилегающих к району применения настоящей Конвенции, в отношении сохранения любого запаса или запасов ассоциированных видов, встречающихся как в пределах этих районов, так и в районе применения настоящей Конвенции, с целью согласования мер по сохранению, принимаемых в отношении таких запасов.

СТАТЬЯ XII

1. Решения Комиссии по вопросам существа принимаются на основе консенсуса. Вопрос о том, является ли данный вопрос вопросом существа, рассматривается как вопрос существа.

2. Решения по вопросам, помимо упомянутых в пункте 1 выше, принимаются простым большинством голосов Членов Комиссии, присутствующих и участвующих в голосовании.

3. При рассмотрении Комиссией любого вопроса, требующего принятия решения, должно быть ясно указано, будет ли организация региональной экономической интеграции участвовать в принятии этого решения и, если она будет участвовать, будут ли также участвовать какие-либо из государств-членов этой организации. Число Договаривающихся Сторон, принимающих, таким образом, участие в принятии решения, не должно превышать числа государств-членов организации региональной экономической интеграции, являющихся членами Комиссии.

4. При принятии решений в соответствии с настоящей Статьей организация региональной экономической интеграции имеет только один голос.

СТАТЬЯ XIII

1. Местопребывание Комиссии устанавливается в Хобарте, Тасмания, Австралия.

2. Комиссия проводит ежегодно регулярные сессии. Другие сессии могут также проводиться по просьбе одной трети ее Членов, если другое не предусматривается Конвенцией. Первая сессия Комиссии состоится в течение трех месяцев после вступления Конвенции в силу, при условии, что среди Договаривающихся Сторон будут по крайней мере два государства, ведущих промысел в районе, к которому применяется настоящая Конвенция. В любом случае, первая сессия состоится в течение года с момента вступления Конвенции в силу. Депозитарий будет консультироваться с государствами, подписавшими Конвенцию, в отношении первой сессии Комиссии, принимая во внимание, что широкое представительство таких государств необходимо для эффективной работы Комиссии.

3. Депозитарий созывает первую сессию Комиссии в месте пребывания Комиссии. В дальнейшем сессии Комиссии проводятся, если Комиссия не примет решения об ином, в месте ее пребывания.

4. Комиссия избирает из числа своих Членов Председателя и Заместителя председателя, каждый из которых избирается на два года и может быть переизбран на один дополнительный срок. Первый Председатель может, однако, быть избран на первоначальный срок в три года. Председатель и Заместитель председателя не должны быть представителями одной и той же Договаривающейся Стороны.

5. Комиссия принимает правила процедуры ведения своих заседаний, за исключением вопросов, изложенных в Статье XII настоящей Конвенции, и, в случае необходимости, вносит в них поправки.

6. Комиссия может создавать такие вспомогательные органы, которые будут необходимы для выполнения ее функций.

СТАТЬЯ XIV

1. Договаривающиеся Стороны настоящим учреждают Научный комитет по сохранению морских живых ресурсов Антарктики (в дальнейшем именуемый «Научным комитетом»), который является консультативным органом Комиссии. Научный комитет, как правило, проводит свои заседания в месте пребывания Комиссии, если он не примет решения об ином.

2. Каждый Член Комиссии является Членом Научного комитета и назначает одного представителя, имеющего надлежащую научную квалификацию, которого могут сопровождать эксперты и советники.

3. Научный комитет может привлекать для консультаций, когда это будет необходимо, других ученых и экспертов на *ad hoc* основе.

СТАТЬЯ XV

1. Научный комитет является центром для консультаций и сотрудничества в области сбора и изучения информации о морских живых ресурсах, к которым применяется настоящая Конвенция, и обмена такой информацией Он поощряет сотрудничество в области научных исследований в целях расширения знаний о

морских живых ресурсах морской экосистемы Антарктики и содействует такому сотрудничеству.

2. Научный комитет осуществляет такую деятельность, какую Комиссия может поручить ему для достижения цели настоящей Конвенции, и:

(a) устанавливает критерии и методы вынесения решений, касающихся мер по сохранению, упомянутых в Статье IX настоящей Конвенции;

(b) периодически оценивает состояние и тенденции популяций морских живых ресурсов Антарктики;

(c) анализирует данные о прямых и косвенных последствиях промысла для популяций морских живых ресурсов Антарктики;

(d) оценивает последствия предлагаемых изменений в методах или уровнях промысла и предлагаемых мер по сохранению;

(e) по запросу или по собственной инициативе направляет Комиссии оценки, анализы, доклады и рекомендации, касающиеся мер и исследований для достижения цели настоящей Конвенции;

(f) разрабатывает предложения о проведении международных и национальных программ исследований по морским живым ресурсам Антарктики.

3. При выполнении своих функций Научный комитет учитывает работу других соответствующих технических и научных организаций, а также научную деятельность, проводимую в рамках Договора об Антарктике.

СТАТЬЯ XVI

1. Первая сессия Научного комитета состоится не позднее, чем через 3 месяца после первой сессии Комиссии. В дальнейшем Научный комитет проводит свои сессии так часто, как это необходимо для выполнения своих функций.

2. Научный комитет принимает свои правила процедуры и, в случае необходимости, вносит в них поправки. Такие правила процедуры и любые поправки к ним утверждаются Комиссией. Правила процедуры будут включать процедуру представления докладов меньшинства.

3. Научный комитет может учреждать, с согласия Комиссии, такие вспомогательные органы, которые необходимы для выполнения его функций.

СТАТЬЯ XVII

1. Комиссия назначает Исполнительного секретаря, который обеспечивает обслуживание Комиссии и Научного комитета, в соответствии с такой процедурой и на таких условиях, какие Комиссия может установить. Исполнительный секретарь назначается на срок в 4 года и может быть назначен вновь.

2. Комиссия санкционирует такой штат персонала Секретариата, какой может быть необходим, а Исполнительный секретарь назначает персонал Секретариата, руководит им и осуществляет наблюдение за его работой в соответствии с такими правилами и процедурой, какие Комиссия может определить.

3. Исполнительный секретарь и Секретариат осуществляют функции, возложенные на них Комиссией.

СТАТЬЯ XVIII

Официальными языками Комиссии и Научного комитета будут английский, русский, французский и испанский языки.

СТАТЬЯ XIX

1. На каждой ежегодной сессии Комиссия утверждает на основе консенсуса свой бюджет и бюджет Научного комитета.

2. Исполнительный секретарь подготавливает проект бюджета Комиссии, Научного комитета и любых вспомогательных органов и представляет его Членам Комиссии по крайней мере за 60 дней до начала ежегодной сессии Комиссии.

3. Каждый Член Комиссии вносит взнос в бюджет. До истечения пяти лет после вступления в силу настоящей Конвенции каждый Член Комиссии вносит равный взнос. Впоследствии взнос будет определяться в соответствии с двумя

критериями: объем вылова и равное распределение взносов между всеми Членами Комиссии. На основе консенсуса Комиссия будет определять пропорциональное применение этих двух критериев.

4. Финансовая деятельность Комиссии и Научного комитета осуществляется в соответствии с финансовыми правилами, утвержденными Комиссией, и подлежит ежегодной ревизии выбранными внешними ревизорами.

5. Каждый Член Комиссии оплачивает свои собственные расходы, связанные с его участием в сессиях Комиссии и Научного комитета.

6. Член Комиссии, не уплативший своего взноса в течение двух последовательных лет, будет лишен права участвовать в принятии решений Комиссии до тех пор, пока его задолженность не будет погашена.

СТАТЬЯ XX

1. Члены Комиссии в максимально возможной степени ежегодно предоставляют Комиссии и Научному комитету такие статистические, биологические и другие данные и информацию, какие могут потребоваться Комиссии и Научному комитету для выполнения их функций.

2. Члены Комиссии сообщают таким путем и через такие промежутки времени, какие могут быть установлены, информацию о своей промысловой деятельности, включая сведения о районах промысла и судах, с тем, чтобы обеспечить возможность составления сводок достоверных статистических данных об уловах и промысловом усилии.

3. Члены Комиссии предоставляют Комиссии через такие промежутки времени, какие могут быть установлены, информацию о предпринятых шагах для выполнения принятых Комиссией мер по сохранению ресурсов.

4. Члены Комиссии соглашаются, что при любом промысле, который они ведут, будут использоваться возможности для сбора данных, необходимых для оценки воздействия промысла.

СТАТЬЯ XXI

1. Каждая Договаривающаяся Сторона принимает соответствующие меры в пределах своей компетенции в целях обеспечения соблюдения положений настоящей Конвенции и выполнения принятых Комиссией мер по сохранению, которые являются обязательными для данной Стороны в соответствии со Статьей IX настоящей Конвенции.

2. Каждая Договаривающаяся Сторона направляет Комиссии информацию о мерах, принятых согласно пункту 1 выше, включая применение санкций в случае какого-либо нарушения.

СТАТЬЯ XXII

1. Каждая Договаривающаяся Сторона обязуется прилагать соответствующие усилия, совместимые с Уставом Организации Объединенных Наций, с тем, чтобы никто не проводил никакой деятельности, противоречащей цели настоящей Конвенции.

2. Каждая Договаривающаяся Сторона сообщает Комиссии о всех случаях, когда ей станет известно о такой деятельности.

СТАТЬЯ XXIII

1. Комиссия и Научный комитет сотрудничают с государствами-участниками Консультативных совещаний по Договору об Антарктике по вопросам, входящим в компетенцию последних.

2. Комиссия и Научный комитет сотрудничают, в соответствующих случаях, с Продовольственной и сельскохозяйственной организацией Организации Объединенных Наций и другими специализированными учреждениями.

3. Комиссия и Научный комитет будут стремиться развивать, в соответствующих случаях, рабочие отношения сотрудничества с межправительственными и неправительственными организациями, которые могут содействовать их работе, включая Научный комитет по антарктическим исследованиям, Научный комитет по океаническим исследованиям и Международную китобойную комиссию.

4. Комиссия может в соответствующих случаях заключить соглашения с упомянутыми в настоящей Статье организациями и другими организациями. Комиссия и Научный комитет могут приглашать такие организации направить наблюдателей на свои сессии и сессии их вспомогательных органов.

СТАТЬЯ XXIV

1. Для содействия достижению цели и обеспечения соблюдения положений настоящей Конвенции Договаривающиеся Стороны соглашаются создать систему наблюдения и инспекции.

2. Система наблюдения и инспекции разрабатывается Комиссией на основе следующих принципов:

   (a) Договаривающиеся Стороны сотрудничают друг с другом в целях обеспечения эффективного применения системы наблюдения и инспекции с учетом существующей международной практики. Эта система включает, в частности, процедуру посещения судна наблюдателями и инспекторами, назначенными Членами Комиссии, и проведения ими инспекции, а также процедуру судебного преследования государством флага и применения санкций на основании доказательств, полученных в результате такого посещения судна и инспекции. Сообщение о таких мерах судебного преследования и примененных санкциях включается в информацию, упомянутую в Статье XXI настоящей Конвенции;

   (b) в целях проверки соблюдения мер, принятых согласно настоящей Конвенции, наблюдение и инспекция проводятся на борту судов, ведущих научные исследования или промысел морских живых ресурсов в районе, к которому применяется настоящая Конвенция, через посредство наблюдателей и инспекторов, назначенных Членами Комиссии и действующих в соответствии с условиями, определяемыми Комиссией;

   (c) назначенные наблюдатели и инспекторы продолжают оставаться под юрисдикцией Договаривающейся Стороны, гражданами которой они являются. Они докладывают Члену Комиссии, которым они назначены, и который в свою очередь докладывает Комиссии.

3. Впредь до создания системы наблюдения и инспекции Члены Комиссии будут стремиться разработать промежуточные соглашения в целях назначения наблюдателей и инспекторов, и такие назначенные наблюдатели и инспекторы будут иметь право проводить инспекцию в соответствии с принципами, изложенными в пункте 2 выше.

СТАТЬЯ XXV

1. В случае возникновения какого-либо спора между двумя или несколькими Договаривающимися Сторонами относительно толкования или применения настоящей Конвенции, такие Договаривающиеся Стороны консультируются между собой с целью разрешения спора путем переговоров, расследования, посредничества, примирения, арбитража, судебного разбирательства или другими мирными средствами по их собственному выбору.

2. Любой спор такого рода, который не будет разрешен указанным путем, передается, с согласия в каждом случае всех сторон, участвующих в споре, на разрешение в Международный Суд или на арбитраж; однако, если не будет достигнуто договоренности о передаче спора в Международный Суд или на арбитраж, стороны, участвующие в споре, не освобождаются от обязанности продолжать поиски его разрешения любым из различных мирных средств, указанных в пункте 1 выше.

3. В тех случаях, когда спор передается на арбитраж, арбитражный трибунал создается в соответствии с положениями, изложенными в Приложении к настоящей Конвенции.

СТАТЬЯ XXVI

1. Настоящая Конвенция открыта для подписания в Канберре с 1 августа 1980 года по 31 декабря 1980 года государствами, принимавшими участие в Конференции по сохранению морских живых ресурсов Антарктики, состоявшейся в Канберре с 7 по 20 мая 1980 года.

2. Государства, подписавшие таким образом настоящую Конвенцию, являются первоначальными участниками Конвенции.

СТАТЬЯ XXVII

1. Настоящая Конвенция подлежит ратификации, одобрению или принятию подписавшими ее государствами.

2. Ратификационные грамоты и документы о принятии или одобрении сдаются на хранение Правительству Австралии, которое настоящим назначается Депозитарием.

СТАТЬЯ XXVIII

1. Настоящая Конвенция вступает в силу на тридцатый день после сдачи на хранение восьмой ратификационной грамоты, документа о принятии или одобрении государствами, упомянутыми в пункте 1 Статьи XXVI настоящей Конвенции.

2. Для каждого государства или организации региональной экономической интеграции, которые после вступления настоящей Конвенции в силу сдадут на хранение ратификационную грамоту или документ о принятии, одобрении или присоединении, Конвенция вступает в силу на тридцатый день после сдачи такого документа.

СТАТЬЯ XXIX

1. Настоящая Конвенция открыта для присоединения любого государства, заинтересованного в исследовательской или промысловой деятельности, относящейся к морским живым ресурсам, к которым применяется настоящая Конвенция.

2. Настоящая Конвенция открыта для присоединения созданных суверенными государствами организаций региональной экономической интеграции, в состав которых входят одно или более государств-членов Комиссии и которым государства-члены организации передали, полностью или частично, компетенцию в отношении вопросов, охваченных настоящей Конвенцией. Присоединение таких региональных организаций экономической интеграции является предметом консультаций между Членами Комиссии.

СТАТЬЯ XXX

1. Поправки в настоящую Конвенцию могут быть внесены в любое время.

2. Если одна треть Членов Комиссии выскажется за проведение совещания для обсуждения предложенной поправки, то Депозитарий созовет такое совещание.

3. Поправка вступает в силу, когда Депозитарий получит от всех Членов Комиссии грамоту о ее ратификации или документ о ее принятии или одобрении.

4. Впоследствии такая поправка вступает в силу для любой другой Договаривающейся Стороны по получении Депозитарием уведомления о ратификации, одобрении или принятии ею этой поправки. Любая такая Договаривающаяся Сторона, от которой такое уведомление не было получено в течение одного года со дня вступления в силу этой поправки в соответствии с пунктом 3 выше, считается вышедшей из настоящей Конвенции.

СТАТЬЯ XXXI

1. Любая Договаривающаяся Сторона может выйти из числа участников настоящей Конвенции 30 июня любого года, направив не позднее 1 января того же года письменное уведомление Депозитарию, который после получения такого уведомления немедленно сообщит об этом остальным Договаривающимся Сторонам.

2. Любая другая Договаривающаяся Сторона может в течение 60 дней после получения копии такого письменного уведомления от Депозитария также уведомить Депозитария о своем выходе, и в таком случае для Договаривающейся Стороны, сделавшей такое уведомление, Конвенция перестает быть в силе с 30 июня того же года.

3. Выход из Конвенции любого Члена Комиссии не затрагивает его финансовых обязательств по Конвенции.

СТАТЬЯ XXXII

Депозитарий уведомляет все Договаривающиеся Стороны о следующем:

(a) о подписании настоящей Конвенции и сдаче на хранение ратификационных грамот, документов о принятии, одобрении или присоединении;

(b) о дате вступления в силу настоящей Конвенции и любых поправок к ней.

СТАТЬЯ XXXIII

1. Настоящая Конвенция, английский, русский, французский и испанский тексты которой имеют одинаковую силу, будет сдана на хранение правительству Австралии, которое препроводит должным образом заверенные копии Конвенции всем Сторонам, подписавшим ее и присоединившимся к ней.

2. Настоящая Конвенция будет зарегистрирована Депозитарием в соответствии с положениями Статьи 102 Устава Организации Объединенных Наций.

Составлено в Канберре двадцатого мая 1980 года.

ПРИЛОЖЕНИЕ ОБ АРБИТРАЖНОМ ТРИБУНАЛЕ

1. Упомянутый в пункте 3 Статьи XXV арбитражный трибунал состоит из трех арбитров, назначаемых следующим образом:

   (a) Сторона, возбуждающая разбирательство, сообщает фамилию арбитра другой стороне, которая, в свою очередь, течение 40 дней после получения такого сообщения, сообщает фамилию второго арбитра. В течение 60 дней после назначения второго арбитра стороны назначают третьего арбитра, который не должен быть гражданином ни одной из этих сторон и не должен иметь гражданства, которое имеет тот или другой из двух первых арбитров. Третий арбитр является председателем трибунала;

   (b) В том случае, если второй арбитр не будет назначен в установленный срок или если стороны не достигнут договоренности в установленный срок относительно назначения третьего арбитра, то этот арбитр, по просьбе любой из сторон, назначается Генеральным секретарем Постоянной палаты третейского суда из числа лиц, пользующихся международной репутацией и не являющихся гражданами государства, участвующего в настоящей Конвенции.

2. Арбитражный трибунал устанавливает свое местопребывание и принимает свои собственные правила процедуры.

3. Решение арбитражного трибунала принимается большинством голосов его Членов, которые не могут воздерживаться при голосовании.

4. Любая Договаривающаяся Сторона, не являющаяся стороной в споре, может, с согласия арбитражного трибунала, принять участие в разбирательстве.

5. Решение арбитражного трибунала является окончательным и обязательным для всех сторон в споре и для любого государства, принявшего участие в разбирательстве, и подлежит незамедлительному выполнению. Арбитражный трибунал дает толкование решения по просьбе одной из сторон в споре или любого государства, принявшего участие в разбирательстве.

6. Если арбитражный трибунал не вынесет иного решения в связи с особыми обстоятельствами дела, то расходы трибунала, включая вознаграждение его Членов, несут в равных долях стороны, участвующие в споре.

КОНВЕНЦИЯ О СОХРАНЕНИИ ТЮЛЕНЕЙ АНТАРКТИКИ (КОАТ)

ПРИЛОЖЕНИЕ

КОНВЕНЦИЯ О СОХРАНЕНИИ ТЮЛЕНЕЙ АНТАРКТИКИ

Договаривающиеся Стороны,

Принимая во внимание «Согласованные меры по охране фауны и флоры в Антарктике», принятые в соответствии с Договором об Антарктике, подписанным в Вашингтоне 1 декабря 1959 г.;

Признавая общую озабоченность в связи с доступностью тюленей Антарктики для коммерческой эксплуатации и вытекающую отсюда необходимость эффективных мер по сохранению;

Признавая, что запасы тюленей Антарктики являются важными живыми ресурсами морской среды, эффективное сохранение которых требует международного соглашения;

Признавая, что эти ресурсы не должны подвергаться истощению вследствие чрезмерной эксплуатации и, следовательно, промысел должен регулироваться так, чтобы добыча не превышала оптимально допустимого уровня;

Признавая, что в целях расширения научных познаний и ведения промысла на рациональной основе следует прилагать все усилия к поощрению биологических и других исследований популяций тюленей Антарктики и к получению информации с помощью таких исследований и на основании статистических данных о будущем промысле тюленей с тем, чтобы можно было сформулировать последующие необходимые правила;

Отмечая, что Научный комитет по исследованию Антарктики Международного совета научных союзов (СКАР) выражает готовность выполнять задачи, возложенные на него настоящей Конвенцией;

Желая содействовать целямзащиты, научного изученияирационального использования тюленей Антарктики, а также сохранения удовлетворительного равновесия экологической системы,

договорились о нижеследующем:

СТАТЬЯ 1
Распространение действия Конвенции

(1) Действие настоящей Конвенции распространяется на моря к югу от 60° южной широты, в отношении которых Договаривающиеся Стороны подтверждают положения Статьи IV Договора об Антарктике.

(2) Настоящая Конвенция может быть распространена на каждый или все из нижеперечисленных видов:

Южный морской слон *Mirounga leonina*
Морской леопард *Hydrurga leptonyx*
Тюлень Уэдделла *Leptonychotes weddellii*
Тюлень крабоед *Lobodon carcinophagus*
Тюлень Росса *Ommatophoca rossii*
Южный морской котик рода *Arctocephalus*.

(3) Приложение к настоящей Конвенции является ее неотъемлемой частью.

СТАТЬЯ 2
Имплементация

(1) Договаривающиеся Стороны согласились, что в районе действия Конвенции их граждане или суда, плавающие под их флагом, не будут забивать или отлавливать виды тюленей, перечисленные в Статье 1, иначе как в соответствии с положениями настоящей Конвенции.

(2) Каждая из Договаривающихся Сторон примет для своих граждан и судов, плавающих под ее флагом, законы, правила и другие меры, включая соответствующую систему разрешений, необходимые для выполнения настоящей Конвенции.

СТАТЬЯ 3
Меры, вынесенные в Приложение

(1) Настоящая Конвенция включает Приложение, в котором указаны меры, принимаемые Договаривающимися Сторонами. В будущем Договаривающиеся Стороны могут время от времени принимать другие меры по сохранению,

научному исследованию и рациональному и гуманному использованию запасов тюленей, определяя, в частности:

(a) допустимую добычу;

(b) охраняемые и неохраняемые виды;

(c) открытые и закрытые сезоны;

(d) открытые и закрытые районы, включая перечень заповедников;

(e) установление специальных районов, где тюленей не будут тревожить;

(f) лимиты по полу, размеру или возрасту для каждого вида;

(g) ограничения, связанные с временем дня и продолжительностью промысла, промысловым усилием и методами промысла тюленей;

(h) Типы и технические данные орудий лова, установок и приспособлений, которыми можно пользоваться;

(i) сведения о добыче и другие статистические и биологические данные;

(j) процедуру для облегчения анализа и оценки научной информации;

(k) другие меры регулирования, включая эффективную систему инспекции.

(2) Меры, принимаемые в соответствии с пунктом (1) настоящей Статьи, должны основываться на самых последних научных и технических данных.

(3) Приложение может быть время от времени изменено в соответствии с процедурой, установленной в Статье 9.

СТАТЬЯ 4

Специальные разрешения

(1) Независимо от положения настоящей Конвенции, любая из Договаривающихся Сторон может выдавать разрешения на забой или отлов

тюленей в ограниченных количествах в соответствии с задачами и принципами настоящей Конвенции в следующих целях:

(a) для обеспечения жизненно необходимого питания для людей или собак;

(b) для проведения научных исследований;

(c) для получения образцов для музеев, учебных или культурных учреждений.

(2) Каждая Договаривающаяся Сторона в возможно короткий срок сообщит другим Договаривающимся Сторонам и СКАР о назначении и содержании всех разрешений, выданных согласно пункту (1) этой Статьи, а впоследствии - о количестве тюленей, забитых или отловленных в соответствии с этими разрешениями.

СТАТЬЯ 5

Обмен информацией и научные рекомендации

(1) Каждая Договаривающаяся Сторона будет представлять остальным Договаривающимся Сторонам и СКАР информацию, определенную в Приложении, в сроки, указанные там же.

(2) Каждая Договаривающаяся Сторонаежегоднодо 31 октябрябудеттакже представлять другим Договаривающимся Сторонам и СКАР информацию о всех шагах, предпринятых ею в соответствии со Статьей 2 настоящей Конвенции в течение предшествовавшего периода с 1 июля по 30 июня.

(3) Договаривающиеся Стороны, не имеющие информации для сообщения в соответствии с двумя предшествующими пунктами, должны сообщать об этом официально ежегодно до 31 октября.

(4) СКАР приглашается:

(a) давать оценку информации, полученной в соответствии с данной Статьей; поощрять обмен научными данными и информацией между Договаривающимися Сторонами; рекомендовать программы научных исследований; рекомендовать перечень статистических и биологических данных, которые должны быть собраны экспедициями по промыслу тюленей в районе действия Конвенции; предлагать поправки к Приложению.

(b) сообщать на основании статистических, биологических и других имеющихся данных о случаях, когда добыча каких-либо видов тюленей в районе действия Конвенции причиняет значительный ущерб общим запасам тюленей этих видов или же экологической системе в каком-либо районе.

(5) СКАР приглашается уведомлять Депозитария, который в свою очередь сообщит об этом Договаривающимся Сторонам, о случаях, когда СКАР установит в какой-либо сезон промысла, что лимиты допустимой добычи какого-либо вида тюленей могут быть превышены, а также определять в этом случае дату возможного превышения лимитов допустимой добычи. Каждая из Договаривающихся Сторон примет далее соответствующие меры с тем, чтобы ее граждане и суда, плавающие под ее флагом, не забивали и не отлавливали тюленей этого вида после установленной даты до тех пор, пока Договаривающиеся Стороны не примут иного решения.

(6) При оценке информации СКАР может в случае необходимости обратиться за технической помощью к Организации ООН по вопросам продовольствия и сельского хозяйства.

(7) Независимо от положений пункта (1) Статьи 1, Договаривающиеся Стороны будут, в соответствии с их внутренним законодательством, направлять друг другу и СКАР для рассмотрения статистические данные о тюленях Антарктики перечисленных в пункте (2) Статьи 1 видов, которые были забиты или отловлены их гражданами и судами, плавающими под их флагом, в районе дрейфующего морского льда к северу от 60о южной широты.

СТАТЬЯ 6

Консультации между Договаривающимися Сторонами

(1) В любое время после начала коммерческого промысла тюленей любая Договаривающаяся Сторона может предложить через Депозитария созвать совещание Договаривающихся Сторон с целью:

(a) установления большинством в две трети голосов Договаривающихся Сторон, включая совпадающие голоса всех стран, подписавших настоящую Конвенцию и присутствующих на совещании, эффективной системы контроля за выполнением положений Конвенции, включая инспекцию;

(b) учреждения комиссии для выполнения таких обязанностей в соответствии с настоящей Конвенцией, которые Договаривающиеся Стороны могут счесть необходимыми;

(c) рассмотрения других предложений, включая:

(i) предоставление независимых научных рекомендаций;

(ii) учреждение большинством в две трети голосов научного консультативного комитета, которому могут быть переданы все или некоторые функции, возложенные на СКАР согласно настоящей Конвенции, если коммерческий промысел тюленей достигает значительных размеров;

(iii) осуществление научных программ с участием Договаривающихся Сторон;

(iv) принятие дальнейших мер регулирования, включая моратории.

(2) Депозитарий созовет такое совещание в кратчайший срок, если одна треть Договаривающихся Сторон заявит о своем согласии.

(3) Совещание будет созвано по просьбе любой Договаривающейся Стороны, если СКАР сообщит, что добыча какого-либо вида тюленей Антарктики в районе действия настоящей Конвенции причиняет значительный ущерб общим запасам или экологической системе в каком-либо отдельном районе.

СТАТЬЯ 7

Рассмотрение действия Конвенции

Договаривающиеся Стороны соберутся на совещание в течение пяти лет после вступления в силу настоящей Конвенции и в дальнейшем будут собираться по крайней мере раз в пять лет для рассмотрения действия Конвенции.

СТАТЬЯ 8

Поправки к Конвенции

(1) Поправки в настоящую Конвенцию могут быть внесены в любое время. Текст каждой поправки, предложенной любой из Договаривающихся Сторон,

должен быть передан Депозитарию, который направит его всем Договаривающимся Сторонам.

(2) Если одна треть Договаривающихся Сторон выскажется за проведение совещания для обсуждения предложенной поправки, то Депозитарий созовет такое совещание.

(3) Поправка вступает в силу, когда Депозитарий получит от всех Договаривающихся Сторон грамоту о ее ратификации или документ о ее принятии.

СТАТЬЯ 9

Поправки к Приложению

(1) Любая из Договаривающихся Сторон может предложить поправки к Предложению к настоящей Конвенции. Текст каждой предложенной поправки передается Депозитарию, который направляет его всем Договаривающимся Сторонам.

(2) Каждая предложенная поправка вступает в силу для всех Договаривающихся Сторон через шесть месяцев после даты, указанной в уведомлении Депозитария всем Договаривающимся Сторонам, если в течение 120 дней со дня уведомления не будет получено возражений и если две трети Договаривающихся Сторон уведомят в письменном форме Депозитария о своем одобрении.

(3) Если одна из Договаривающихся Сторон сообщит Депозитарию о своем возражении против какой-либо предложенной поправки в течение 120 дней со дня уведомления Депозитарием, то этот вопрос будет рассмотрен Договаривающимися Сторонами на их очередном совещании. Если же Договаривающиеся Стороны не придут к единогласному решению на этом совещании, то они уведомят Депозитария в течение 120 дней после закрытия совещания об одобрении или отклонении ими первоначально предложенной поправки или какой-либо новой поправки, предложенной совещанием. Если к концу этого периода две трети Договаривающихся Сторон одобрят такую поправку, то она вступит в силу через шесть месяцев после закрытия совещания для тех Договаривающихся Сторон, которые к тому времени сообщили о своем одобрении.

(4) Любая Договаривающаяся Сторона, выдвинувшая возражение против предложенной поправки, может в любое время снять свое возражение, и предложенная поправка тогда вступает в силу для этой Стороны немедленно,

если эта поправка уже вступила в силу для других, или с того дня, когда она вступает в силу согласно положениям данной Статьи.

(5) Депозитарий немедленно уведомляет каждую из Договаривающихся Сторон о получении каждого сообщения об одобрении, возражении или о снятии возражения, а также о вступлении в силу любой поправки.

(6) Любое государство, присоединившееся к настоящей Конвенции после того, как поправка к Приложению вступила в силу, будет связано положениями этой поправки. Любое государство, присоединившееся к настоящей Конвенции в период, когда предложенная поправка находится на рассмотрении Сторон, может заявить о своем одобрении или возражении против такой поправки в сроки, установленные для других Договаривающихся Сторон.

СТАТЬЯ 10

Подписание

Настоящая Конвенциябудетоткрытадляподписанияв Лондонес 1 июня по 31 декабря 1972 г. государствами, принимавшими участие в Конференции по сохранению тюленей Антарктики, которая состоялась в Лондоне с 3 по 11 февраля 1972 года.

СТАТЬЯ 11

Ратификация

Настоящая Конвенция подлежит ратификации или принятию. Ратификационные грамоты или документы о принятии сдаются правительству

Соединенного Королевства Великобритании и Северной Ирландии, которое настоящим назначается в качестве Депозитария.

СТАТЬЯ 12

Присоединение

Настоящая Конвенция будетоткрыта для присоединения любой страны, которая может быть приглашена присоединиться к настоящей Конвенции с согласия всех Договаривающихся Сторон.

СТАТЬЯ 13

Вступление в силу

(1) Настоящая Конвенция вступит в силу на тридцатый день после сдачи седьмой ратификационной грамоты или документа о принятии.

(2) После вступлениянастоящей Конвенциивсилу, длякаждого государства, ратифицировавшего или принявшего ее или же присоединившегося к ней, она вступит в силу на тридцатый день после сдачи на хранение этим государством ратификационной грамоты, документа о принятии или присоединении.

СТАТЬЯ 14

Выход

Любая Договаривающаяся Сторона может выйти из числа участников настоящей Конвенции 30 июня любого года, уведомив до 1 января того же года о своем выходе Депозитария, который при получении такого уведомления немедленно сообщит об этом остальным Договаривающимся Сторонам. Аналогичным образом любая другая Договаривающаяся Сторона может в течение одного месяца после получения копии такого уведомления от Депозитария также уведомить о своем выходе, и, таким образом, для

Договаривающейся Стороны, сделавшей такое уведомление, Конвенция теряет силу 30 июня того же года.

СТАТЬЯ 15
Уведомления Депозитарием

Депозитарий уведомит все государства, подписавшие Конвенцию и присоединившиеся к ней, о следующем:

(a) о подписании настоящей Конвенции, сдаче ратификационных грамот, документов о принятии или присоединении и уведомлениях о выходе;

(b) о дате вступления в силу настоящей Конвенции и любых поправок к ней или к Приложению.

СТАТЬЯ 16
Заверенные копии и регистрация

(1) Настоящая Конвенция, составленная на английском, французском, русском и испанском языках, причем все тексты имеют одинаковую силу, будет сдана на хранение в архив правительства Соединенного Королевства Великобритании и Северной Ирландии, которое препроводит должным образом заверенные копии Конвенции всем государствам, подписавшим ее или присоединившимся к ней.

(2) Настоящая Конвенция будет зарегистрирована Депозитарием в соответствии с положениями Статьи 102 Устава Организации Объединенных Наций.

В УДОСТОВЕРЕНИЕ ЧЕГО нижеподписавшиеся, должным образом на то уполномоченные, подписали настоящую Конвенцию.

СОВЕРШЕНО в Лондоне, 1 дня июня 1972 года.

ПРИЛОЖЕНИЕ[1]

1. *Допустимая добыча*

В течение любого года с 1 марта по последний день февраля, включительно, Договаривающиеся Стороны ограничат общее количество забитых или отловленных тюленей каждого вида лимитами, установленными ниже. Эти лимиты могут быть пересмотрены на основе научной оценки.

(a) тюлени крабоеды *Lobodon carcinophagus* - 175 000;

(b) морские леопарды *Hydrurga leptonyx* - 12 000;

(c) тюлени Уэдделла *Leptonychotes weddellii* - 5 000.

2. *Охраняемые виды*

(a) Запрещается забивать или отлавливать тюленей Росса Ommatophoca rossi, южных морских слонов Mirounga leonina и морских котиков рода Arctocephalus.

(b) Вцеляхзащиты взрослых половозрелых животныхв период, когдаони наиболее сконцентрированы идоступны для промысла, запрещается забивать или отлавливать тюленей Уэдделла Leptonychotes weddelli в период с 1 сентября по 31 января, включительно.

3. *Закрытые и открытые сезоны промысла тюленей*

Период с 1 марта по 31 августа, включительно, является закрытым сезоном, во время которого забой или отлов тюленей запрещен. Период с 1 сентября по последний день февраля является открытым сезоном промысла тюленей.

4. *Промысловые зоны*

Каждая из промысловых зон, перечисленных в этом пункте, будет закрыта в порядке очередности для промысла видов тюленей, указанных в пункте 1 настоящего Приложения, на период с 1 сентября до последнего дня февраля, включительно. Первой будет закрыта та зона, которая в момент вступления настоящей Конвенции в силу должна быть закрыта согласно пункту 2 Приложения «В» к Приложению I к Докладу Пятого Консультативного

---

[1] Текст с поправками, внесенными на совещании по пересмотру КОАТ (Лондон, 12-16 сентября 1988 г.). Поправки вступили в силу 27 марта 1990 г.

совещания по Договору об Антарктике. По истечении срока каждого закрытого сезона зона, которая была закрыта, будет снова открыта для промысла.

Зона 1 – между 60о и 120о западной долготы.

Зона 2 – между 0о и 60о западной долготы, включая часть моря Уэдделла, находящуюся к западу от 60о западной долготы.

Зона 3 – между 0о и 70о восточной долготы.

Зона 4 – между 70о и 130о восточной долготы.

Зона 5 – между 130о восточной долготы и 170о западной долготы.

Зона 6 – между 120о и 170о западной долготы.

5. *Заповедники*

Запрещается забивать или отлавливать тюленей в следующих заповедниках, которые являются районами размножения тюленей или районами, где проводятся долгосрочные научные исследования:

(a) район вокруг Южных Оркнейских островов между 60о20' и 60о56' южной широты и 44о05' и 46о25' западной долготы.

(b) юго-западный район моря Росса, расположенный к югу от 76о южной широты и к западу от 170о восточной долготы.

(c) район залива Эдисто к югу и к западу от линии, проведенной между мысом Халлетт, 72о19' южной широты и 170о18' восточной долготы, и мысом Хельм, 72о11' южной широты и 170о00' восточной долготы.

6. *Обмен информацией*

(a) Договаривающиеся Стороны будут ежегодно до 30 июня представлять другим Договаривающимся Сторонам и СКАР резюме статистической информации о всех тюленях, забитых или отловленных их гражданами или судами, плавающими под их флагом, в районе действия Конвенции за предыдущий период с 1 марта по последний день февраля. Эта информация будет включать по зонам и месяцам:

(i) Брутто и нетто тоннаж, мощность двигателей, численность экипажа и количество промысловых дней судов, плавающих под флагом Договаривающейся Стороны;

(ii) Количество добытых взрослых особей и детенышей тюленей каждого вида.

В случае специального запроса эти сведения будут представляться по каждому судну, вместе с ежедневной позицией судна в полдень каждого промыслового дня и размером добычи в этот день.

(b) После начала промысла в СКАР будут направляться сведения о количестве забитых или отловленных тюленей каждого вида в каждой зоне, в такой форме и через такие промежутки времени (не чаще, чем еженедельно), как об этом запросит СКАР.

(c) Договаривающиеся Стороны будут направлять в СКАР биологическую информацию, касающуюся, в особенности:

(i) пола

(ii) половозрелости

(iii) возраста

С согласия Договаривающихся Сторон СКАР может запросить дополнительную информацию или материалы.

(d) Договаривающиеся Стороны будут направлять другим Договаривающимся Сторонам и в СКАР информацию о планируемых промысловых экспедициях не позже, чем за 30 дней до отплытия судов из их портов.

7. *Методы промысла тюленей*

(a) СКАР приглашается делать сообщения о методах промысла тюленей и давать рекомендации с тем, чтобы забой и отлов тюленей осуществлялся быстро, безболезненно и эффективно. Договаривающиеся Стороны введут соответствующие правила для своих граждан и плавающих под их флагом судов, занимающихся забоем и отловом тюленей, принимая при этом должным образом во внимание мнение СКАР.

(b) В свете имеющихся научных и технических данных, Договаривающиеся Стороны согласились принять соответствующие меры с тем, чтобы их граждане и суда, плавающие под их флагом, не занимались забоем или отловом тюленей в воде, кроме как в ограниченных количествах для научных исследований в соответствии с целями и принципами настоящей Конвенции. Такие исследования будут включать изучение эффективности методов промысла тюленей с точки зрения гуманного и рационального использования запасов тюленей Антарктики с целью их сохранения. Сообщения о проведении и о результатах таких научных исследований будут направляться в СКАР и Депозитарию, который перешлет их Договаривающимся Сторонам.

8. *Сотрудничество*

Договаривающиеся Стороны настоящей Конвенции соответствующим образом сотрудничают и обмениваются информацией с Договаривающимися Сторонами других международных инструментов системы Договора об Антарктике и с их соответствующими органами.

Специальные разрешения для забоя или отлова тюленей

На Совещании была достигнута договоренность о том, что:

A. При рассмотрение вопроса о выдаче специального разрешения каждой Договаривающейся Стороне следует:

(a) обеспечить, чтобы количество тюленей, разрешенных для забоя или отлова, было строго ограничено минимальным уровнем, необходим для выполнения целей данного разрешения;

(b) в случае разрешений для научных исследований - принять все возможные меры содействия сотрудничеству в планировании и сведения минимуму излишнего дублирования; и в случае всех видов разрешений - принять все возможны меры по обеспечению максимальной отдачи в научном плане. С этой целью разрешения следует выдавать как можно раньше до начала деятельности, предусмотренной разрешением.

B. Договаривающимся Сторонам следует предоставить другим Договаривающимся Сторонам и СКАР следующую информацию в отношении каждого разрешения:

(a) непосредственно после выдачи разрешения:

(i) цель разрешения, включая конкретные задачи исследования, дляпроведения которого выдаётся научно исследовательское разрешение;

(ii) содержание разрешения, включая место, период времени, количество, виды и примерный возраст тюленей, разрешенных к забою или отлову;

(b) ежегодно к 30 июня отчет о деятельности, проведённой по специальным разрешениям в предыдущем году, включая, в соответствующих случаях, следующие данные по каждому забитому или отловленному тюленю:

(i) номер экземпляра

(ii) вид тюленя

(iii) дата сбора данных

(iv) место сбора данных

(v) пол

(vi) примерный возраст или размер

(vii) репродуктивное состояние (неполовозрелый, половозрелый, беременная самка, самка в период лактации)

(viii) тип собранного у экземпляра материала (например, зубы, органы размножения, части скелета, содержимое желудка, образцы тканей, кровь, моча, органы и т.д.).

[Статья 17 отчета Совещания 1988-го года по анализу действия Конвеции о сохранении тюленей Антарктики]

СЕКРЕТАРИАТ

СОГЛАШЕНИЕ О ШТАБ-КВАРТИРЕ СЕКРЕТАРИАТА ДОГОВОРА ОБ АНТАРКТИКЕ

Консультативное совещание по Договору об Антарктике (КСДА) и Аргентинская Республика;

Убежденные в необходимости укрепления Системы Договора об Антарктике;

Учитывая особый правовой и политический статус Антарктики и особую ответственность Консультативных сторон Договора об Антарктике за то, чтобы любая деятельность в Антарктике отвечала целям и принципам Договора об Антарктике и его Протокола по охране окружающей среды;

Принимая во внимание Решение 1 (2001), принятое на XXIV КСДА, и Меру 1 (2003), принятую на XXVI КСДА, о создании Секретариата Договора об Антарктике в Буэнос-Айресе (Аргентина);

Стремясь обеспечить Секретариату как органу КСДА условия для полномасштабного и эффективного выполнения его целей и функций; и

Желая определить правоспособность Секретариата как органа КСДА, его привилегии и иммунитеты, а также привилегии и иммунитеты Исполнительного секретаря и другого персонала на территории Аргентинской Республики;

Заключили соглашение о нижеследующем:

СТАТЬЯ 1

Определения

Для целей настоящего Соглашения:

a. «Договор об Антарктике» или «Договор» означает Договор об Антарктике, заключенный в Вашингтоне 1 декабря 1959 г.;

b. «Полномочные органы власти» означает национальные, провинциальные или местные органы власти Аргентинской Республики в соответствии с законодательством Аргентинской Республики;

c. «Архивы» означает всю корреспонденцию, все документы, рукописи, фотографии, данные, сохраненные в памяти компьютера, пленки и любые иные записи на бумажном, электронном или любом ином носителе, принадлежащие Секретариату или находящиеся в Секретариате;

d. «Комитет по охране окружающей среды» или «КООС» означает Комитет, созданный в соответствии со Статьей 11 Протокола;

e. «Делегаты» означает Представителей, Заместителей представителей, Советников и любых иных лиц, представляющих Участвующие государства;

f. «Исполнительный секретарь» означает Исполнительного секретаря, назначенного КСДА руководить Секретариатом в соответствии с документом об учреждении Секретариата;

g. «Эксперт» означает лицо, выполняющее краткосрочные или временные проекты от имени Секретариата, или участвующее в работе Секретариата, или выполняющее какое-либо поручение от имени Секретариата, но не обязательно получающее вознаграждение от Секретариата, за исключением сотрудников;

h. «Правительство» означает Правительство Аргентинской Республики;

i. «Штаб-квартира» означает помещения, включая здания или части зданий и любой связанный с ними участок земли, независимо от права собственности, которые Секретариат занимает для выполнения своей официальной деятельности;

j. «Официальная деятельность» означает все виды деятельности, предпринимаемые на основании Договора и Протокола, включая административную деятельность Секретариата;

k. «Протокол» означает Протокол по охране окружающей среды, принятый в Мадриде 4 октября 1991 г.;

l. «Секретариат» означает Секретариат Договора об Антарктике, созданный в качестве постоянного органа КСДА;

m. «Сотрудник» означает Исполнительного секретаря и всехпрочихлиц, принятых на работу в Секретариат, на которых распространяются

Положения о персонале, за исключением лиц, нанятых на месте и имеющих почасовые ставки оплаты; и

n. «Участвующие государства» означает Государств-участников Договора об Антарктике.

СТАТЬЯ 2
Правоспособность

Секретариат как орган КСДА пользуется правами юридического лица и имеет право выполнять свои функции на территории Аргентинской Республики. В частности, он имеет право получать по контракту, приобретать и продавать движимое и недвижимое имущество, а также возбуждать и быть стороной судебного разбирательства. Секретариат может осуществлять свою правоспособность только в том объеме, в каком это санкционировано КСДА.

СТАТЬЯ 3
Штаб-квартира

1. Штаб-квартира пользуется неприкосновенностью и находится в полном распоряжении Секретариата.

2. Правительство предоставляет в Буэнос-Айресе помещение, пригодное в качестве Штаб-квартиры, не взимая при этом никакой арендной платы.

3. Правительство принимает все необходимые меры к тому, чтобы защитить Штаб-квартиру от вторжения или ущерба и не допустить какое-либо ущемление ее достоинства.

4. Правительство принимает меры к тому, чтобы соответствующие органы власти предоставили Штаб-квартире имеющиеся коммунальные услуги, такие, как энергоснабжение, водоснабжение, канализация, газоснабжение, почта, телефон, телеграф, ливневая канализация, уборка мусора и противопожарная охрана, на условиях не менее льготных, чем те, которыми пользуются дипломатические представительства в Аргентинской Республике.

5. Действуя через КСДА, Секретариат сообщает Правительству о необходимости изменения местонахождения или размера его постоянного помещения или архивов, а также о необходимости временного помещения для осуществления официальной деятельности Секретариата. В тех случаях, когда Секретариат использует или занимает для осуществления своей официальной деятельности какое-либо помещение, кроме того, что предусмотрено в пункте 2 настоящей Статьи, такое помещение, с согласия Правительства, получает статус официального помещения Секретариата. Если на основании настоящего пункта

в помещении Секретариата производятся какие-либо изменения постоянного или временного характера, дополнительные помещения, занимаемые Секретариатом, не всегда освобождаются Правительством от арендной платы.

6. Без ущерба для условий настоящего Соглашения, Секретариат не должен допускать, чтобы Штаб-квартира становилась убежищем от правосудия для лиц, укрывающихся от ареста или вручения судебной повестки, или лиц, в отношении которых был издан приказ об экстрадиции или депортации.

7. Полномочные органы власти имеют право войти в Штаб-квартиру для исполнения своих обязанностей только с согласия Исполнительного секретаря и на согласованных с ним/ней условиях. Согласие Исполнительного секретаря считается полученным в случае пожара или в иных чрезвычайных обстоятельствах, требующих срочного принятия мер защиты.

СТАТЬЯ 4

Иммунитет

1. При условии соблюдения положений Договора, Протокола или настоящего Соглашения деятельность Секретариата в Аргентинской Республике регулируется внутренним законодательством Аргентины, не противоречащим международному праву.

2. В рамках своей официальной деятельности Секретариат как орган КСДА, а также его имущество, помещения и активы пользуются судебным иммунитетом в судебном и административном производстве, за исключением:

a) того объема, в котором Секретариат однозначно отказывается от такого иммунитета;

b) производства по контракту на поставку товаров или предоставление услуг, производства по займу или иной сделке, связанной с предоставлением финансирования, а также производства по гарантии или возмещению ущерба в связи с любой такой сделкой или иным финансовым обязательством;

c) производства по гражданскому иску третьей стороны в связи с гибелью, ущербом или телесным повреждением, причиной которых стало транспортное средство, принадлежащее Секретариату или эксплуатируемое от имени Секретариата, в том объеме, в каком соответствующая компенсация не покрывается страховкой;

d) производства по делу о правонарушении в связи с использованием транспортного средства, в котором замешано транспортное средство, принадлежащее Секретариату или эксплуатируемое от имени Секретариата;

e) исков о выплате оклада, заработной платы или иных вознаграждений, причитающихся от Секретариата;

f) встречных исков, непосредственно связанных с производством, начатым по инициативе Секретариата;

g) исков, касающихся недвижимости, которая находится натерритории Аргентинской Республики; и

h) судебных дел, касающихся Секретариата как наследника или бенефициара собственности, находящейся на территории Аргентинской Республики.

3. Имущество, помещения и активы Секретариата обладают иммунитетом от любого ограничения или контроля, включая реквизицию, конфискацию, экспроприацию или арест. Они также пользуются иммунитетом от наложения любых административных или судебных ограничений, при условии, что транспортные средства, принадлежащие Секретариату или эксплуатируемые от имени Секретариата, не обладают иммунитетом от наложения административных или судебных ограничений, если это временно необходимо для предотвращения и расследования дорожно-транспортных происшествий с участием этих транспортных средств.

4. Ничто в настоящем Соглашении не нарушает и не должно толковаться как отказ от иммунитета, которым Государства пользуются на территории других Государств.

СТАТЬЯ 5

Цель и отмена привилегий и иммунитетов

1. Предусмотренные настоящим Соглашением привилегии и иммунитеты предоставлены для того, чтобы обеспечить беспрепятственную работу КСДА и Секретариата, а также полную независимость лиц, которым они предоставлены. Они предоставляются не для личных выгод этих лиц.

2. За исключением предусмотренного в пункте 3 настоящей Статьи, привилегии и иммунитеты, предусмотренные настоящим Соглашением, могут быть отменены Консультативным совещанием. Они подлежат отмене в конкретном случае, когда рассматриваемая привилегия или иммунитет может

стать препятствием для отправления правосудия, и могут быть отменены без ущерба для цели, ради которой они предоставлены.

3. Что касается Делегатов, ихпривилегии и иммунитеты, предусмотренные настоящим Соглашением, могут быть отменены Участвующими государствами, представителями которых они являются.

СТАТЬЯ 6

Архивы

Архивы неприкосновенны.

СТАТЬЯ 7

Флаг и эмблема Договора

Секретариат имеет право выставлять флаг и эмблему Договора на здании и транспортных средствах Секретариата и Исполнительного секретаря.

СТАТЬЯ 8

Освобождение от прямых налогов

В рамках своей официальной деятельности Секретариат, его имущество, здания, активы и доходы (включая взносы, перечисляемые Секретариату по договоренности Участвующих государств) освобождаются от уплаты всех прямых налогов, включая подоходный налог, налог на реализованный прирост капитала и все государственные налоги. Секретариат освобождается от уплаты муниципальных налогов за исключением тех, которые являются платежом за конкретные услуги, предоставленные в соответствии с пунктом 4 Статьи 3 настоящего Соглашения.

СТАТЬЯ 9

Освобождение от таможенных пошлин, акцизов и налога на добавленную стоимость

1. Используемое Секретариатом имущество, необходимое для его официальной деятельности (включая публикации КСДА, транспортные средства и предметы, предназначенные для использования в официальных

представительских целях), освобождаются от всех таможенных пошлин и акцизов.

2. Секретариат освобождается от уплаты налога на добавленную стоимость и прочих аналогичных налогов на услуги и товары, включая публикации, другие информационные материалы, транспортные средства и предметы, предназначенные для использования в официальных представительских целях, если эти услуги и товары, закупленные Секретариатом, необходимы ему для служебного пользования.

СТАТЬЯ 10

Освобождение от ограничений и запретов

Товары, импортируемые или экспортируемые для осуществления официальной деятельности Секретариата, освобождаются от запретов и ограничений, распространяющихся на такие товары по причинам национального происхождения.

СТАТЬЯ 11

Перепродажа

Товары, приобретенные или ввезенные Секретариатом, на которые распространяется освобождение от уплаты налогов согласно Статье 9 настоящего Соглашения, а также товары, приобретенные или ввезенные Исполнительным секретарем или другими сотрудниками Секретариата, на которые распространяется освобождение от уплаты налогов согласно Статьям 16 и 17 настоящего Соглашения, подлежат дарению, продаже, предоставлению взаймы, сдаче в аренду или иной реализации на территории Аргентинской Республики только на условиях, предварительно согласованных с Правительством.

СТАТЬЯ 12

Валюта и обмен валют

Секретариат освобождается от любых ограничений на валюту и обмен валюты, включая ограничения, касающиеся полученных, приобретенных, имеющихся или реализуемых денежных средств, валюты и ценных бумаг. Кроме того, Секретариат имеет право, без каких-либо ограничений, иметь для своего официального пользования банковские и иные счета в любой валюте и свободно переводить их на территории Аргентинской Республики или в любую иную страну.

СТАТЬЯ 13

Связь

1. Что касается официальной связи и пересылки любых документов Секретариата, для него устанавливается режим не менее льготный, чем тот, который Правительство обычно устанавливает для любого другого правительства, включая дипломатическое представительство такого правительства, в части приоритетов, расценок и налогов на почтовые отправления и все виды телесвязи.

2. Секретариат имеет право использовать все возможные средства связи, включая закодированные или зашифрованные сообщения. Правительство не должно ограничивать возможности Секретариата в части осуществления официальной связи или распространения публикаций.

3. С согласия Правительства Секретариат имеет право устанавливать и использовать радиопередатчики.

4. Официальная корреспонденция и другие виды официальной связи Секретариата не подлежат цензуре и пользуются всеми гарантиями, предоставленными внутренним законодательством Аргентины.

СТАТЬЯ 14

Публикации

Ввоз и вывоз публикаций Секретариата и других информационных материалов, ввезенных или вывезенных Секретариатом в рамках его официальной деятельности, не связаны никакими ограничениями.

СТАТЬЯ 15

Привилегии и иммунитеты Делегатов

1. Во время пребывания на территории Аргентинской Республики в целях выполнения своих официальных функций Делегаты Участвующих государств пользуются привилегиями и иммунитетами, установленными для дипломатических агентов Венской конвенцией о дипломатических сношениях, подписанной 18 апреля 1961 г.

2. Положения пункта 1 настоящей Статьи применяются независимо от отношений между правительствами, которых представляют рассматриваемые лица, и Правительством и действуют без ущерба для всех остальных

иммунитетов, на которые эти лица могут иметь право на территории Аргентинской Республики.

3. Привилегии и иммунитеты, описанные в пункте 1 настоящей Статьи, не распространяются на Делегатов Правительства, а также на граждан Аргентинской Республики и иностранных граждан, постоянно проживающих на ее территории.

4. Правительство проявляет к Делегатам должное уважение и принимает всенеобходимыемерыдлятого, чтобынедопуститьпосягательствнаихличность или свободу и ущемления их достоинства. При возникновении подозрений о том, что по отношению к Делегату было совершено правонарушение, предпринимаются действия в соответствии с нормами судопроизводства Аргентины, чтобы обеспечить расследование обстоятельств дела и применение соответствующих мер судебного преследования к правонарушителю.

СТАТЬЯ 16

Исполнительный секретарь

В дополнение к привилегиям, иммунитетам, освобождению от налогов и льготам, предусмотренным в Статье 17 настоящего Соглашения, Исполнительный секретарь (если только он/она не является гражданином/гражданкой Аргентинской Республики или лицом, постоянно проживающим на ее территории) пользуется привилегиями, иммунитетами, освобождением от налогов и льготами, на которые имеют право дипломатические агенты в Аргентинской Республике, включая привилегии, иммунитеты, освобождение от налогов и льготы, распространяющиеся на членов их семей, проживающих вместе с ними, за исключением тех случаев, когда такие члены семьи являются гражданами Аргентинской Республики или лицами, постоянно проживающими на ее территории.

СТАТЬЯ 17

Сотрудники

1. Сотрудники Секретариата:

   a) даже после окончания срока их службы в Секретариате пользуются иммунитетом от преследования по суду и всех прочих судебных процессов или судебных запросов в отношении действий и поступков, которые они совершили при выполнении своих служебных функций, включая письменные и устные высказывания;

   b) однако иммунитет, описанный в предыдущем подпункте, не распространяется на правонарушения с участием транспортного средства, совершенные сотрудником или Исполнительным секретарем, в случае возбуждения гражданского или административного производства в связи с гибелью, ущербом или телесным повреждением, причиной которых стало транспортное средство, принадлежащее такому сотруднику или Исполнительному секретарю или управляемое им, в той степени, в какой соответствующая компенсация не покрывается страховкой;

c) освобождаютсяотлюбыхобязательстввотношениивоеннойслужбы и всех прочих видов обязательной службы, за исключением тех случаев, когда они являются гражданами Аргентинской Республики или лицами, постоянно проживающими на ее территории;

d) освобождаются от действия законов, касающихся регистрации иностранцев и иммиграции;

e) имеют такое же право на освобождение от ограничений на валюту и обмен валюты, как и сотрудники сопоставимого ранга, работающие в любой международной организации в Аргентинской Республике, за исключением случаев, когда они являются гражданами Аргентинской Республики или лицами, постоянно проживающими на ее территории;

f) впервые вступая в должность на территории Аргентинской Республики, освобождаются от таможенных пошлин и прочих сборов (за исключением платежей за услуги) на ввоз мебели, транспортных средств и прочих личных вещей, которые находятся в их собственности или владении, или ужезаказаны ими и предназначены для их личного пользования, или обустройства, за исключением случаев, когда они являются гражданами Аргентинской Республики или лицами, постоянно проживающими на ее территории. Такие товары подлежат ввозу в течение шести месяцев после первого въезда сотрудника в Аргентинскую Республику, однако в исключительных случаях Правительство может продлить этот период. Товары, приобретенные или ввезенные сотрудниками, на которые распространяется освобождение от пошлин и сборов в соответствии с настоящим подпунктом, подлежат дарению, продаже, предоставлению взаймы, сдаче в аренду или иной реализации только на условиях, предварительно согласованных с Правительством. Мебель и личные вещи могут быть вывезены беспошлинно при отъезде из Аргентинской Республики после того, как сотрудник перестанет выполнять свои служебные функции;

g) освобождаются от уплаты всех налогов на доходы, полученные от Секретариата. Это освобождение от налогов не распространяется на сотрудников, являющихся гражданами Аргентинской Республики или лицами, постоянно проживающими на ее территории;

h) пользуются теми же условиями репатриации, которые устанавливаются для представителей международных организаций в периоды международных кризисов; и

i) пользуются личной неприкосновенностью в отношении любой формы ареста или задержания, или ареста личного багажа, за исключением случаев, когда они являются гражданами Аргентинской Республики или лицами, постоянно проживающими на ее территории.

2. Привилегии и иммунитеты, распространяющиеся на сотрудника в соответствии с подпунктами c), d), e), f), h) и i) пункта 1, распространяются также на членов его/ее семьи, проживающих вместе с ним/ней, за исключением случаев, когда они являются гражданами Аргентинской Республики или лицами, постоянно проживающими на ее территории.

СТАТЬЯ 18

Эксперты

Выполняя свои функции, эксперты пользуются привилегиями и иммунитетами в том объеме, в каком это необходимо для выполнения этих функций, и, в том числе, во время деловых поездок по Аргентинской Республике они пользуются:

a) иммунитетом от судебного преследования в рамках судебного и административного производства, или иммунитетом от судебных запросов в отношении действий и поступков, которые они совершили при выполнении своих служебных функций, включая письменные и устные высказывания. Однако этот иммунитет не распространяется на правонарушения с участием транспортного средства, совершенные этим экспертом, или на случаи возбуждения гражданского или административного производства в связи с гибелью, ущербом или телесным повреждением, причиной которых стало транспортное средство, принадлежащее такому эксперту или управляемое им, в той степени, в какой соответствующая компенсация не покрывается страховкой. Этот иммунитет сохраняется после того, как эксперт завершит выполнение своих функций в Секретариате;

b) неприкосновенностью всех принадлежащих им служебных документов, а также других служебных материалов, связанных с выполнением их функций в Секретариате;

c) теми же освобождениями от ограничений на валюту и обмен валют, какими пользуются представители иностранных правительств, выполняющие временное задание в Аргентине от имени своего правительства, за исключением случаев, когда они являются гражданами Аргентинской Республики или лицами, постоянно проживающими на ее территории; и

d) иммунитетом от ареста и задержания, а также от ареста личного багажа, за исключением случаев, когда они являются гражданами Аргентинской Республики или лицами, постоянно проживающими на ее территории.

СТАТЬЯ 19
Визы

1. Все лица, которые официально ведут дела с Секретариатом (т.е. Делегаты, а также члены их семей, проживающие вместе с ними, сотрудники Секретариата, а также члены их семей, проживающие вместе с ними, и эксперты, упомянутые в Статье 18 настоящего Соглашения, имеют право на въезд в Аргентинскую Республику, пребывание на ее территории и выезд из нее.

2. Правительство принимает все необходимые меры для того, чтобы облегчить въезд на территорию Аргентинской Республики, временное пребывание на ее территории и выезд из нее всем лицам, упомянутым в пункте 1 настоящей Статьи. Визы, если они необходимы, выдаются вне очереди, без задержки и бесплатно по предъявлении документа, подтверждающего, что заявитель является одним из тех лиц, перечисленных в пункте 1 настоящей Статьи. Кроме того, Правительство Аргентины оказывает содействие таким лицам в проезде по территории Аргентинской Республики.

СТАТЬЯ 20
Взаимодействие

Секретариат находится в постоянном и тесном взаимодействии с соответствующими органами власти, чтобы не допустить никакого злоупотребленияпривилегиями, иммунитетамиильготами, предусмотренными в настоящем Соглашении. Правительство оставляет за собой суверенное право принять все разумные меры для обеспечения безопасности. Ничто в настоящем Соглашении не препятствует применению законов, необходимых для соблюдения норм гигиены и карантина, или - применительно к Секретариату и его сотрудникам – законов, касающихся общественного порядка.

СТАТЬЯ 21

Уведомление о назначении. Удостоверение личности

1. КСДА направляет Правительству уведомление о назначении Исполнительного секретаря, а также о том, когда он/она вступает в должность или освобождается от должности.

2. Секретариат направляет Правительству уведомление о том, когда сотрудник вступает в должность или освобождается от ее, или о том, когда эксперт начинает или завершает выполнение проекта или задания.

3. Два раза в год Секретариат направляет Правительству список всех экспертов и сотрудников, а также членов их семей, проживающих вместе с ними в Аргентинской Республике. В каждом случае Секретариат указывает, являются ли они гражданами Аргентинской Республики или лицами, постоянно проживающими на ее территории.

4. Получив уведомление о назначении сотрудника или эксперта, Правительство в кратчайшие сроки выдает каждому такому сотруднику или эксперту карточку с фотографией владельца, где должно быть указано, что он/она является сотрудником или экспертом (в зависимости от обстоятельств). Эта карточка принимается соответствующими органами власти как удостоверение личности и назначения на должность. Аналогичные карточки выдаются также членам его/ее семьи, проживающим вместе с ним/ней. Когда сотрудник или эксперт прекращает выполнение своих обязанностей, Секретариат возвращает его/ее карточку Правительству вместе с карточками, выданными членам его/ее семьи, проживающим вместе с ним/ней.

СТАТЬЯ 22

Консультации

Правительство и Секретариат как орган КСДА по просьбе второй стороны проводят консультации по вопросам, возникающим в рамках настоящего Соглашения. В отсутствие оперативного решения какого-либо вопроса Секретариат направляет его КСДА.

СТАТЬЯ 23
Поправки

Настоящее Соглашение может быть изменено по согласию Правительства и КСДА.

СТАТЬЯ 24
Урегулирование споров

Любой спор, возникающий в связи с интерпретацией или применением настоящего Соглашения, подлежит урегулированию путем консультаций, переговоров или иным взаимоприемлемым способом, который может включать обращение в арбитраж, решения которого являются обязательными.

СТАТЬЯ 25
Вступление в силу и расторжение Соглашения

1. Настоящее Соглашение вступает в силу с момента его подписания.

2. Настоящее Соглашение может быть расторгнуто на основании письменного уведомления, направленного одной из Сторон. В отсутствие иной договоренности решение о расторжении Соглашения вступает в силу через два года после получения такого уведомления.

Оформлено в Пунта-дель-Эсте, десятого мая две тысячи десятого года, в двух оригинальных экземплярах, имеющих одинаковую силу, на испанском, английском, французском и русском языках.

От имени Аргентинской Республики

Хорхе Энрике Тайана
Министр иностранных дел, международной торговли и религиозных культовр

От имени Консультативного совещания по Договору об Антарктике

Роберто Пусейро Рипой
Председатель XXXIII Консультативного совещания по Договору об Антарктике

СЕКРЕТАРИАТ - ПОЛОЖЕНИЯ О ПЕРСОНАЛЕ

Положения о персонале Секретариата Договора об Антарктике

ПОЛОЖЕНИЯ О ПЕРСОНАЛЕ

ПОЛОЖЕНИЕ 1
ПРЕАМБУЛА

1.1 Настоящие Положения о персонале устанавливают основные принципы найма, регулируют рабочие взаимоотношения и определяют права и обязанности сотрудников Секретариата Договора об Антарктике (Секретариат) и распространяются на персонал, который выполняет работу в Секретариате и получает от него вознаграждение.

1.2 Совещание пришло к согласию о том, что упоминание в тексте Положений о персонале сотрудников в мужском роде распространяется на сотрудников обоих полов за исключением случаев, когда это явно не следует из контекста.

ПОЛОЖЕНИЕ 2
ОБЯЗАННОСТИ, ОБЯЗАТЕЛЬСТВА И ПРИВИЛЕГИИ

2.1 Принимая свое назначение, сотрудники обязуются честно исполнять свои обязанности и вести себя исключительно в соответствии с интересами КСДА. Как персонал Секретариата сотрудники несут ответственность исключительно перед КСДА, а не перед государствами, гражданами которых они являются.

2.2 Сотрудники всегда должны строить свое поведение, руководствуясь приверженностью Договору об Антарктике. Сотрудники всегда должны помнить о том, что возложенная на них ответственность обязывает их вести себя лояльно, сдержанно и тактично при выполнении своих обязанностей. Они должны воздерживаться от любых действий, заявлений или общественной деятельности, которые могут нанести ущерб КСДА и его целям.

2.3 От сотрудников не требуется отказа ни от своих национальных чувств, ни от политических или религиозных убеждений, но при этом сотрудники должны принимать меры к тому, чтобы такие взгляды или убеждения не оказывали отрицательного влияния на выполнение их служебных обязанностей или наносили ущерб интересам КСДА. Сотрудники должны обеспечивать высокий уровень работоспособности, компетентности и добросовестности. Понятие добросовестности включает порядочность, беспристрастность, справедливость, честность и правдивость во всех вопросах, касающихся их работы и статуса, но не ограничивается ими.

2.4 При исполнении своих обязанностей сотрудники не должны запрашивать или принимать указания от какого бы то ни было правительства или органа власти, за исключением КСДА.

2.5 Сотрудники должны проявлять крайнюю осмотрительность в отношении служебных вопросов и воздерживаться от использования в личных целях сведений, которыми они обладают в силу своего служебного положения. Правом выдачи разрешений на разглашение информации для официальных целей обладает КСДА или Исполнительный секретарь (в зависимости от обстоятельств).

2.6 Сотрудники, как правило, не должны иметь никакой другой работы, кроме работы в Секретариате. В особых случаях сотрудники могут согласиться на другую работу, при условии, чтоона не мешает исполнению их обязанностей в Секретариате и что предварительно они получили на это согласие Исполнительного секретаря. В отношении Исполнительного секретаря должно быть получено предварительное согласие КСДА.

2.7 Ни один сотрудник не должен принимать участия в управлении коммерческими делами, промышленными или иными предприятиями, или иметь финансовую заинтересованность в таких делах или предприятиях, если в силу своего официального положения в Секретариате он/она может извлечь выгоду из такого участия или заинтересованности. Владение акциями, не составляющими контрольный пакет какой-либо компании, не рассматривается как финансовая заинтересованность в контексте данного Положения.

2.8 Сотрудники пользуются привилегиями и иммунитетами, на которые они имеют право согласно Соглашению о штаб-квартире Секретариата Договора об Антарктике в соответствии со Статьей 5 Меры 1 (2003 г.) XXVI КСДА.

ПОЛОЖЕНИЕ 3
ЧАСЫ РАБОТЫ

3.1 Обычный рабочий день равен восьми часам, с понедельника по пятницу, т.е. всего сорок часов в неделю.

3.2 Часы работы устанавливает Исполнительный секретарь, который может изменять их в интересах КСДА, как того требуют сложившиеся обстоятельства.

3.3 Сотрудники имеют право работать по гибкому графику в соответствии с моделью скользящего графика, предусмотренной правилами внутреннего трудового распорядка, с согласия Исполнительного секретаря и исходя из необходимости обеспечения деятельности Секретариата.

3.4 Для постоянных штатных сотрудников должен предусматриваться обеденный перерыв продолжительностью не менее 30 минут, не более 1 часа и не позднее, чем через пять часов после начала рабочего дня.

ПОЛОЖЕНИЕ 4
КЛАССИФИКАЦИЯ СОТРУДНИКОВ

4.1 Сотрудники относятся к одной из двух следующих категорий:

(а) Сотрудники руководящей категории

Должности руководящего характера, предполагающие большую ответственность. Эти должности будут занимать профессионалы, обладающие соответствующей квалификацией, предпочтительно с университетским или эквивалентным ему образованием. Сотрудники этой категории будут набираться в разных странах, но только среди граждан Консультативных сторон.

(b) Сотрудники общей категории

Все остальные сотрудники, включая письменных и устных переводчиков, технический, административный и вспомогательный персонал. Эти сотрудники будут набираться в Аргентине среди граждан Консультативных сторон.

4.2 Лица, нанятые в соответствии с Положением 11, не относятся к числу сотрудников.

ПОЛОЖЕНИЕ 5
ОКЛАДЫ И ВОЗНАГРАЖДЕНИЕ

5.1 Шкала окладов сотрудников руководящей категории прилагается в Дополнении А. Оклады сотрудников руководящей категории выплачиваются в валюте Соединенных Штатов Америки.

5.2 Шкала окладов сотрудников общей категории прилагается в Дополнении В. Оклады сотрудников общей категории выплачиваются в валюте Соединенных Штатов Америки.

5.3 Для целей настоящих Положений термин «иждивенец» означает:

(a) любого не получающего зарплату ребенка, родившегося у сотрудника, его/ее супруги/супруга или их детей или усыновленного (удочеренного) ими, которому меньше восемнадцати лет и который является иждивенцем сотрудника, будучи у него/нее на основном и постоянном иждивении;

(b) любого ребенка, отвечающего условиям, установленным в пункте (а) выше, но в возрасте от восемнадцати до двадцати пяти лет, который получает школьное или университетское образование, или проходит профессиональную подготовку;

(c) любого ребенка с физическими или умственными недостатками, являющегося иждивенцем сотрудника, будучи у него/нее на основном и постоянном иждивении;

(d) любого другого ребенка, который проживает у сотрудника и находится на его/ее иждивении, будучи у него/нее на основном и постоянном иждивении;

(e) любого члена семьи, входящего в состав домохозяйства сотрудника, за основное и постоянное содержание которого сотрудник несет ответственность по закону.

5.4 Оклады сотрудников руководящей категории отсчитываются с Первой ступени того уровня, на который они назначаются на должность. Сотрудники остаются на этом уровне по крайней мере в течение первого года службы.

5.5 Перевод окладов Исполнительного секретаря и других сотрудников с одного уровня на другой требует предварительного одобрения КСДА.

5.6 Исполнительный секретарь принимает меры к тому, чтобы любому сотруднику руководящей категории, на которого распространяется национальный подоходный налог, была возвращена сумма налога, уплаченного им/ею со своего оклада. Такие меры принимаются только при условии, что прямые издержки возврата налога оплачивает страна, гражданином которой является сотрудник. Сотрудники общей категории несут ответственность за уплату национального подоходного налога со своего оклада, если таковой предусмотрен.

5.7 Сотрудники получают ежегодные надбавки в случае удовлетворительного исполнения своих обязанностей. Выплата надбавок прекращается, когда сотрудник достигает высшей ступени того уровня, который он/она занимает.

5.8 Назначение сотрудников руководящей категории на оклад выше Первой ступени соответствующего уровня возможно только в исключительных случаях по предложению Исполнительного секретаря и с одобрения КСДА.

5.9 Сотрудники руководящей категории не имеют права на получение сверхурочных или отгулов за переработку.

5.10 Для сотрудников общей категории, которые вынуждены работать более 40 часов в течение одной недели, на усмотрение Исполнительного секретаря предусматривается компенсация в виде:

(a) отгулов, продолжительность которых равна количеству часов сверхурочной работы;

(b) сверхурочных за каждый час сверхурочной работы, которые рассчитываются по полуторной ставке или, если дополнительная работа пришлась на воскресенье или праздники, перечисленные в Положении 7.8, по двойной ставке.

5.11 КСДА оплачивает Исполнительному секретарю обоснованные представительские расходы, понесенные им/ею при исполнении своих обязанностей в пределах, установленных годовым бюджетом.

5.12 С предварительного одобрения Исполнительного секретаря сотруднику общей категории, исполняющему все обязанности сотрудника более высокой категории в течение не менее четырех недель, выплачивается заработная плата в размере оклада сотрудника более высокой категории в течение срока выполнения упомянутых обязанностей.

ПОЛОЖЕНИЕ 6
НАБОР И НАЗНАЧЕНИЕ ПЕРСОНАЛА

6.1 Согласно Статье 3 Меры 1 (2003) КСДА назначает Исполнительного секретаря и устанавливает размер вознаграждения и прочие льготы, которые оно сочтет уместными. Срок пребывания в должности Исполнительного секретаря составляет четыре года, если КСДА не примет иного решения; Исполнительный секретарь имеет право быть повторно назначенным на эту должность на один дополнительный срок. Общая продолжительность работы на этой должности не может превышать восьми лет.

6.2 Согласно Статье 3 Меры 1 (2003 г.) Исполнительный секретарь назначает других сотрудников, руководит ими и осуществляет контроль за из работой. При назначении, переводе или повышении сотрудников в должности следует руководствоваться, главным образом, необходимостью обеспечить высокий уровень работоспособности, компетентности и добросовестности. При отборе кандидатов в условиях равноценной квалификации будут учитываться гендерное равенство и обеспечение географической сбалансированности. При этом необходимо уделять должное внимание тому, чтобы наем персонала руководящей категории осуществлялся среди граждан Консультативных сторон, по возможности, на самой широкой основе.

6.3 Каждый выбранный сотрудник получает предложение о назначении на должность с указанием:

(a) того, что это назначение регулируется настоящими Положениями, включая поправки, которые могут периодически в них вноситься;
(b) характера назначения, включая описание должностных обязанностей и служебных задач;
(c) даты, когда сотрудник должен приступить к работе и график работы;
(d) срока пребывания в должности, срока заблаговременного уведомления об увольнении и длительности испытательного срока;
(e) для сотрудников руководящей категории, срока пребывания в должности, который не должен превышать четырех лет и может быть продлен по согласованию с КСДА;
(f) категории, уровня, исходного оклада, шкалы надбавок и максимально возможного размера оклада;
(g) пособий, полагающихся на этой должности;
(h) любых особых условий, которые могут быть применимы к данному случаю.

6.4 Вместе с предложением о назначении на должность персоналу вручается копия настоящих Положений. Принимая предложение о назначении на должность, сотрудники подписывают соответствующий трудовой договор и заявляют в письменной форме, что они ознакомились и согласны с условиями, изложенными в настоящих Положениях.

6.5 Исполнительный секретарь, используя общепризнанную методику, проводит ежегодную оценку эффективности выполнения сотрудником своих должностных обязанностей с целью постоянного улучшения качества управления, а также для аргументированного решения вопроса о продвижении по службе или отстранении сотрудника от работы.

ПОЛОЖЕНИЕ 7
ОТПУСК

7.1 Сотрудники имеют право на ежегодный отпуск в размере 25 оплачиваемых рабочих дней в течение каждого года работы или, для периодов менее полного календарного года, в размере двух оплачиваемых рабочих дней за каждый полный месяц работы. Вышеупомянутый отпуск разбивается на регулярный отпуск продолжительностью 15 оплачиваемых рабочих дней, которые можно брать подряд, и дополнительный отпуск продолжительностью 10 оплачиваемых рабочих дней, которые можно брать частями не более чем по 3 дня подряд. В конце каждого календарного года неиспользованные в течение данного года дни регулярного отпуска в количестве не более 15 рабочих дней можно переносить на следующий год. Дополнительный отпуск не является накопительным.

7.2 Отпуск не должен являться причиной нарушения обычной работы Секретариата. Согласно этому принципу сроки и продолжительность отпуска устанавливаются с учетом потребностей КСДА. Сроки отпусков утверждаются Исполнительным секретарем, который, по мере возможности, принимает во внимание личные обстоятельства, потребности и предпочтения сотрудников.

7.3 Ежегодный отпуск можно взять в один или несколько приемов. Сотрудники должны заранее, не менее чем за четыре недели, уведомлять Исполнительного секретаря о своем намерении взять регулярный отпуск после проведения консультаций с другими сотрудниками с тем, чтобы убедиться, что их отпуск не нарушит режим нормального функционирования Секретариата.

7.4 Любое отсутствие, не предусмотренное условиями настоящих Положений, вычитается из ежегодного отпуска.

7.5 Сотрудники, у которых по истечении срока их пребывания в должности остаются накопленные дни ежегодного отпуска, получают наличными эквивалентную сумму, рассчитанную на основе последнего полученного оклада, но не более чем за 30 дней.

7.6 Согласно Положениям 9.3 и 9.4 после 18 месяцев работы Секретариат оплачивает сотрудникам, нанятым в других странах, и их иждивенцам расходы на поездку на родину в связи с ежегодным отпуском. После этого оплачиваемая поездка на родину в отпуск разрешается один раз в два года при условии, что:

(a) иждивенцы, пользующиеся такой безвозмездной помощью, проживали в Буэнос-Айресе по крайней мере в течение 6 месяцев до поездки;

(b) предполагается, что сотрудники вернутся в Секретариат для дальнейшей работы не менее чем еще на 6 месяцев.

7.7 Возможность совмещения поездки на родину в отпуск со служебной поездкой по делам Секретариата также может быть рассмотрена при условии, что это не нанесет ущерба функциям Секретариата.

7.8 Сотрудники имеют право на выходные и праздничные дни, законодательно установленные в Аргентинской Республике и (или) городе Буэнос-Айресе, а именно:

Праздники, отмечаемые ежегодно в один и тот же день

1 января	Новый год
24 марта	национальный праздник

2 апреля	национальный праздник
01 мая	национальный праздник
25 мая	национальный праздник
9 июля	национальный праздник
8 декабря	праздник Непорочного Зачатия Пресвятой Девы Марии
25 декабря	Рождественские

праздники и нерабочие дни

	Понедельник и вторник карнавала в Великий четверг Страстная Пятница
17 июня	национальный праздник
20 июня	национальный праздник
17 августа	национальный праздник
12 октября	национальный праздник
20 ноября	национальный праздник

7.9 Если при особых обстоятельствах сотрудники вынуждены работать в один из указанных выше дней или если один из этих праздников выпадает на субботу или воскресенье, выходной переносится на другой день в соответствии с решением Исполнительного секретаря, который должен обеспечить эффективную работу Секретариата.

7.10 Сотрудники имеют право на следующие виды специального краткосрочного отпуска:[1]

a) в связи с вступлением в брак: продолжительностью 10 календарных дней
b) отпуск в связи со смертью супруга/супруги, гражданского супруга/гражданской супруги, детей или родителей продолжительностью 3 календарных дня
c) отпуск в связи со смертью родных братьев/сестер, родителей жены/мужа или прародителей продолжительностью 1 день;
d) отпуск в связи с переездом на новое место жительства продолжительностью 2 дня;
e) отпуск для сдачи экзаменов (аспирантура, университет) продолжительностью 2 календарных дня на каждый экзамен, но не более 10 дней в календарном году;
f) отпуск по уходу за супругом/супругой, родителями или детьми сотрудника из-за их болезни продолжительностью 2 дня или более по усмотрению Исполнительного секретаря и при наличии обоснованных причин.

7.11 Через 12 месяцев непрерывной трудовой деятельности в Секретариате сотрудники имеют право на предоставление отпуска по личным обстоятельствам без сохранения содержания продолжительностью до 3 месяцев. Предоставление такого отпуска не должно приводить к нарушению режима нормального функционирования Секретариата. В силу этого сроки и продолжительность

[1] Положения 7.10, 7.11 и 7.14 установлены в соответствии с действующим национальным законодательством Аргентины; КСДА должен рассмотреть любые существенные изменения в национальном законодательстве Аргентины, но может в любое время пересмотреть эти положения.

отпуска подлежат утверждению Исполнительным секретарем.

7.12 Сотрудники не имеют права на предоставление отпуска по болезни продолжительностью более 3 календарных дней или суммарно более 7 рабочих дней в календарном году без представления больничного листа.

7.13 а) Сотрудники имеют право на предоставление отпуска по болезни, если произошел *несчастный случай или заболевание, не связанное с профессией, в соответствии с положениями действующего правового режима Аргентинской Республики.*

(b) В случае этого несчастного случая или заболевания, лишающих сотрудника возможности исполнять свои обязанности в Секретариате, сотрудник и его/ее иждивенцы имеют право на путевые расходы на проезд и переезд в страну гражданской принадлежности или прежнего местожительства за счет Секретариата.

7.14 Сотрудники имеют право на декретный отпуск в соответствии с положениями действующего правового режима Аргентинской Республики. При этом отец новорожденного имеет право на отпуск продолжительностью 10 дней с сохранением содержания, который может быть использован в указанный выше период времени.

7.15 Через 12 месяцев непрерывной трудовой деятельности в Секретариате сотрудники имеют право на отпуск по уходу за ребенком без сохранения содержания продолжительностью до трех месяцев в случае рождения или усыновления/удочерения ребенка.

ПОЛОЖЕНИЕ 8
СОЦИАЛЬНОЕ ОБЕСПЕЧЕНИЕ

8.1 Сотрудники будут нести ответственность за полную выплату своих личных взносов на социальное страхование. Секретариат возьмет на себя ответственность за отчисления на социальное страхование, являющиеся обязанностью работодателя; и выплатит любые виды обязательного страхования, аналогично работодателю, в соответствии с нормативными актами Аргентинской Республики.

8.2 В случае смерти сотрудника его иждивенцы будут иметь право на получение пособия в случае смерти и оплаты на путевых расходов на проезд и переезд в страну гражданской принадлежности или прежнего местожительства за счет Секретариата, независимо от любых компенсаций, которые они могут получить. регулируется постановлениями Аргентинской Республики и постановлениями, упомянутыми в Статье 10.

8.3 Лица, находящиеся на иждивении умершего сотрудника, теряют право на оплату расходов по возвращению домой и перевозке имущества, если переезд не состоялся в течение шести месяцев со дня смерти сотрудника.

8.4 Вышеуказанное пособие по случаю смерти кормильца рассчитывается по следующей шкале:

Стаж работы	Выплаты по случаю смерти, выраженные в месяцах оклада до вычета налогов
Меньше 3 лет	3 месяца
3 года и больше, но меньше 7 лет	4 месяца
7 лет и больше, но меньше 9 лет	5 месяца
9 лет и больше	6 месяца

8.5 Секретариат оплачивает обычные и разумно обоснованные расходы на перевозку тела сотрудника с места смерти в место, указанное ближайшими родственниками.

ПОЛОЖЕНИЕ 9
ПОЕЗДКИ

9.1 Сотрудники могут быть направлены в поездку, в том числе международную, по поручению Секретариата. Все командировки должны быть заранее санкционированы Исполнительным секретарем в пределах имеющегося бюджета, а маршрут и условия поездки должны быть наиболее подходящими для обеспечения максимальной эффективности выполнения порученного задания.

9.2 В случае командировки заранее выплачивается разумно обоснованное командировочное пособие, покрывающее стоимость проживания и суточные расходы.

9.3 При поездках воздушным транспортом по возможности используется тариф экономического класса. При полетах продолжительностью более 9 часов можно пользоваться тарифом бизнес-класса.

9.4 Тарифом первого класса можно пользоваться при поездках наземным транспортом, но не морским или воздушным.

9.5 По окончании командировки сотрудники возвращают все командировочные пособия, которые в данном случае им не полагались. В тех случаях, когда расходы, понесенные сотрудниками, превышают сумму выданных им командировочных пособий, они получают компенсацию на основании предъявленных квитанций и счетов при условии, что понесенные расходы были необходимы для исполнения ими своих служебных обязанностей.

9.6 При вступлении в должность руководящей категории сотрудники имеют право на:

(а) оплату авиабилета (или его эквивалента) и транспортное пособие на себя, супругу/супруга и иждивенцев в связи с переездом в Буэнос-Айрес;

(b) оплату расходов на полный переезд, включая отправку личных вещей и предметов домашнего обихода из места проживания в Буэнос-Айрес в объеме не более 30 кубических метров или одного международного стандартного грузового контейнера;

(c) оплату или возмещение различных других обоснованных расходов, связанных с переселением, включая страхование имущества во время транспортировки и плату за перевес багажа. Такие выплаты предварительно утверждаются Исполнительным секретарем.

9.7 Сотрудники, которые при исполнении служебных обязанностей должны использовать личные автомобили для осуществления служебных поездок, с предварительного согласия Исполнительного секретаря имеют право на компенсацию обоснованных расходов. Расходы, связанные с обычными ежедневными поездками на работу и с работы не возмещаются.

ПОЛОЖЕНИЕ 10
ПРЕКРАЩЕНИЕ СЛУЖБЫ

10.1 Сотрудники могут подать в отставку в любое время, направив об этом уведомление за три месяца до увольнения или за меньший срок, который может быть утвержден Исполнительным секретарем (если речь идет о других сотрудниках) или КСДА (если речь идет об Исполнительном секретаре).

10.2 Если сотрудник подает в отставку, не направив необходимого уведомления, Исполнительный секретарь (если речь идет о других сотрудниках) или КСДА (если речь идет об Исполнительном секретаре) оставляют за собой право решать, будут ли оплачены этому сотруднику расходы на репатриацию или любые иные пособия.

10.3 Сотрудник может быть уволен Исполнительным секретарем (а если речь идет об Исполнительном секретаре, то КСДА) после предварительного письменного уведомления, направленного не менее чем за три месяца, если считается, что это нужно для обеспечения эффективной работы Секретариата вследствие его реорганизации, или если считается, что данный сотрудник работает неудовлетворительно, не выполняет свои функции и обязанности, изложенные в настоящих Положениях, или является нетрудоспособным.

10.4 В случае прекращения службы в Секретариате сотрудники руководящей категории получают компенсацию в размере базового оклада за один месяц за каждый год работы, начиная со второго года, если только причиной ухода со службы не является серьезное нарушение служебных обязанностей, предписанных Положением 2.

10.5 В случае вынужденного увольнения сотрудника общей категории выплачивается компенсация в соответствии с действующими постановлениями Аргентинской Республики. Если причиной ухода со службы является серьезное нарушение служебных обязанностей, предписанных Положением 2 или совершение правонарушений, признанных очень серьезными в Положении 12, указанная компенсация предоставлена не будет.

10.6 При прекращении службы сотрудник руководящей категории имеет право на:

(а) оплату авиабилета экономического класса (или его эквивалента) до своей родины или до места предыдущего проживания для себя и для членов своей семьи, находящихся на его/ее иждивении;

(b) оплату расходов на полный переезд, включая отправку личных вещей и предметов домашнего обихода из места проживания в Буэнос-Айресе до родины или места предыдущего проживания в объеме не более 30 кубических метров или одного международного стандартного грузового контейнера.

10.7 Любой сотрудник имеет право на прекращение трудовых отношений с Секретариатом по причине выхода на пенсию, при этом сотрудник должен подать заявление об уходе с работы за 3 (три) месяца до даты ухода.

10.8 Исполнительный секретарь может предложить сотруднику воспользоваться правом на пособие по выходу на пенсию при условии, что у сотрудника есть такое право в соответствии с положениями законодательства Аргентинской Республики. После заблаговременной подачи упомянутого выше заявления трудовые отношения поддерживаются в течение одного года с даты подачи заявления. По истечении данного периода времени имеющие полную юридическую силу трудовые отношения считаются прекращенными.

ПОЛОЖЕНИЕ 11
ВРЕМЕННЫЕ СОТРУДНИКИ, НАНЯТЫЕ ПО КОНТРАКТУ

11.1 Исполнительный секретарь может нанимать по контракту временных сотрудников, необходимых для выполнения особых обязанностей краткосрочного характера в рамках работы Секретариата. Краткосрочным считается контракт продолжительностью менее шести месяцев. Такой персонал классифицируется как дополнительный и может получать почасовую оплату.

11.2 К этой категории могут относиться дополнительные письменные и устные переводчики, машинистки и другие лица, нанятые на период проведения совещаний, а также те, кого Исполнительный секретарь нанимает по контракту для выполнения конкретного задания.

ПОЛОЖЕНИЕ 12
ДИСЦИПЛИНАРНЫЙ РЕЖИМ

12.1 Исполнительный секретарь может применять дисциплинарные санкции к сотрудникам за любое зарегистрированное несоблюдение и в зависимости от его степени серьезности. Указанные санкции будут должным образом сообщены тому, кто совершил дисциплинарное нарушение.

Исполнительный секретарь предоставляет сотруднику:

a) заявления о неправомерном поведении в письменной или электронной форме, которые должны включать конкретные обязательства или стандарты поведения, которые нарушил сотрудник;

b) уведомление о праве сотрудника ответить на утверждения о проступках и представить любые доказательства в течение трех рабочих дней.

12.2 Установлены три вида дисциплинарных проступков, за которые могут быть наложены санкции в зависимости от степени тяжести. Они включают следующее:

- Мелкие правонарушения. Санкции могут быть наложены вынесением предупреждения.
- Серьезные правонарушения. Санкции могут быть наложены вынесением предупреждения или временным отстранением на срок от 1 до 4 дней без оплаты.
- Очень серьезные правонарушения. Санкции могут быть наложены в виде временного отстранения от 5 до 10 дней без сохранения заработной платы или увольнения.

12.3 Правонарушения, подлежащие санкциям, будут перечислены во Внутреннем регламенте о дисциплинарном режиме Секретариата, с указанием того, что указанный список не является исчерпывающим, и в нем не будут перечислены действия, которые заслуживают санкций, на усмотрение и подробное рассмотрение Исполнительного секретаря»

ПОЛОЖЕНИЕ 13
ПРИМЕНЕНИЕ И ИЗМЕНЕНИЕ ПОЛОЖЕНИЙ

13.1 Ответственность за применение настоящих Положений о персонале от имени и по поручению КСДА несет Исполнительный секретарь. Применимость Положений в отношении Исполнительного секретаря определяется КСДА.

13.2 Любые сомнения, возникающие в результате применения настоящих Положений, разрешаются Исполнительным секретарем после проведения консультаций с КСДА.

13.3 Исполнительный секретарь доводит до сведения КСДА все вопросы, не предусмотренные настоящими Положениями.

13.4 Настоящие Положения, включая дополнения, могут быть изменены Решением КСДА.

Шкала окладов на 2021/22 финансовый год

Дополнение А

ШКАЛА ОКЛАДОВ СОТРУДНИКОВ РУКОВОДЯЩЕЙ КАТЕГОРИИ

(долл. США)

2021/22		СТУПЕНИ														
Уровень		I	II	III	IV	V	VI	VII	VIII	IX	X	XI	XII	XIII	XIV	XV
E1	A	$ 135 302	$ 137 819	$ 140 337	$ 142 855	$ 145 373	$ 147 890	$ 150 407	$ 152 926							
E1	B	$ 169 127	$ 172 274	$ 175 421	$ 178 569	$ 181 716	$ 184 863	$ 188 009	$ 191 158							
E2	A	$ 113 932	$ 116 075	$ 118 218	$ 120 359	$ 122 501	$ 124 642	$ 126 783	$ 128 926	$ 131 069	$ 133 211	$ 135 352	$ 135 595	$ 137 709		
E2	B	$ 142 415	$ 145 093	$ 147 772	$ 150 449	$ 153 126	$ 155 802	$ 158 479	$ 161 158	$ 163 837	$ 166 513	$ 169 190	$ 169 494	$ 172 136		
E3	A	$ 95 007	$ 97 073	$ 99 140	$ 101 207	$ 103 275	$ 105 341	$ 107 408	$ 109 476	$ 111 542	$ 113 608	$ 115 675	$ 116 915	$ 118 154	$ 120 193	$ 122 231
E3	B	$ 118 758	$ 121 341	$ 123 925	$ 126 509	$ 129 094	$ 131 676	$ 134 260	$ 136 845	$ 139 427	$ 142 010	$ 144 594	$ 146 143	$ 147 693	$ 150 242	$ 152 788
E4	A	$ 78 779	$ 80 693	$ 82 609	$ 84 518	$ 86 435	$ 88 347	$ 90 257	$ 92 174	$ 94 089	$ 96 000	$ 97 915	$ 98 448	$ 100 336	$ 102 223	$ 104 110
E4	B	$ 98 474	$ 100 866	$ 103 262	$ 105 648	$ 108 044	$ 110 434	$ 112 822	$ 115 217	$ 117 611	$ 119 999	$ 122 393	$ 123 060	$ 125 419	$ 127 778	$ 130 137
E5	A	$ 65 315	$ 67 029	$ 68 739	$ 70 452	$ 72 162	$ 73 873	$ 75 586	$ 77 293	$ 79 007	$ 80 719	$ 82 427	$ 82 981			
E5	B	$ 81 644	$ 83 786	$ 85 924	$ 88 065	$ 90 203	$ 92 342	$ 94 482	$ 96 617	$ 98 759	$ 100 899	$ 103 034	$ 103 726			
E6	A	$ 51 706	$ 53 351	$ 54 994	$ 56 641	$ 58 284	$ 59 928	$ 61 575	$ 63 219	$ 64 862	$ 65 862	$ 66 508				
E6	B	$ 64 632	$ 66 689	$ 68 742	$ 70 801	$ 72 855	$ 74 910	$ 76 969	$ 79 024	$ 81 078	$ 82 328	$ 83 135				

Примечание: Строка В — это базовый оклад (указан в строке А) плюс 25 % надбавка, покрывающая накладные расходы (отчисления в пенсионный фонд, страховые взносы, пособия на обустройство, репатриацию, образование и т. д.), которые составляют общую сумму оклада сотрудников руководящей категории в соответствии с Положением 5.1.

Дополнение В

ШКАЛА ОКЛАДОВ ДЛЯ СОТРУДНИКОВ ОБЩЕЙ КАТЕГОРИИ

(долл. США)

		СТУПЕНИ														
Уровень		I	II	III	IV	V	VI	VII	VIII	IX	X	XI	XII	XIII	XIV	XV
G1		$ 64 788	$ 67 810	$ 70 834	$ 73 856	$ 77 006	$ 80 291									
G2		$ 53 990	$ 56 508	$ 59 028	$ 61 546	$ 64 172	$ 66 909									
G3		$ 44 990	$ 47 089	$ 49 189	$ 51 288	$ 53 477	$ 55 760									
G4		$ 37 493	$ 39 242	$ 40 991	$ 42 741	$ 44 564	$ 46 466									
G5		$ 30 972	$ 32 419	$ 33 863	$ 35 310	$ 36 818	$ 38 391									
G6		$ 25 388	$ 26 571	$ 27 756	$ 28 941	$ 30 177	$ 31 465									
G7		$ 13 724	$ 14 317	$ 14 911	$ 15 505	$ 16 124	$ 16 770									

Обновленные версии принимаются на регулярной основе в рамках Программы и Бюджета Секретариата.

ФИНАНСОВЫЕ ПОЛОЖЕНИЯ СЕКРЕТАРИАТА ДОГОВОРА ОБ АНТАРКТИКЕ

ФИНАНСОВЫЕ ПОЛОЖЕНИЯ

ПОЛОЖЕНИЕ 1
ПРИМЕНЕНИЕ

1.1 Настоящие Положения устанавливают порядок финансового управления Секретариата Договора об Антарктике (Секретариат), созданного на основании Меры 1 (2003) XXVI КСДА.

ПОЛОЖЕНИЕ 2
ФИНАНСОВЫЙ ГОД

2.1 Финансовый год устанавливается продолжительностью 12 месяцев с 1 апреля по 31 марта, включая обе эти даты.

ПОЛОЖЕНИЕ 3
БЮДЖЕТ

3.1 Проект бюджета на предстоящий финансовый год, который содержит оценку поступлений и расходов Секретариата, составляется Исполнительным секретарем.

3.2 В проекте бюджета дается информация о важных финансовых последствиях, которые могут иметь в последующие финансовые годы программы работ, предложенные КСДА, с разбивкой на административные, периодические и капитальные издержки.

3.3 В проекте бюджета дается функциональная разбивка по статьям и, если это необходимо или целесообразно, по строкам.

3.4 К проекту бюджета прилагается подробная информация об ассигнованиях, выделенных в прошлом году, и оценка соответствующих расходов, а также любые подтверждающие документы, которые могут быть затребованы Сторонами или признаны необходимыми или желательными Исполнительным секретарем. Точная форма представления проекта бюджета определяется Консультативным совещанием.

3.5 Исполнительный секретарь направляет проект бюджета всем Консультативным сторонам КСДА не менее, чем за 60 дней до начала КСДА.

Одновременно и в той же форме, что и проект бюджета, Исполнительный секретарь готовит и направляет всем Консультативным сторонам бюджетный прогноз на следующий финансовый год.

3.6 Проект бюджета и бюджетный прогноз должны быть составлены в валюте Соединенных Штатов Америки.

3.7 На каждом ежегодном совещании КСДА принимает бюджет Секретариата. Бюджет считается вопросом по существу и утверждается представителями всех Консультативных сторон, присутствующих на совещании. При определении размера бюджета КСДА придерживается принципа экономической эффективности.

ПОЛОЖЕНИЕ 4
АССИГНОВАНИЯ

4.1 Утвержденные Консультативным совещанием ассигнования являются для Исполнительного секретаря разрешением принимать обязательства и производить платежи на цели, на которые ассигнования были утверждены, и в утвержденных пределах.

4.2 Все будущие обязательства определяются в рамках ежегодных бюджетов, представленных на рассмотрение КСДА. В отсутствие иного решения КСДА Исполнительный секретарь может также принимать обязательства на последующие годы еще до утверждения ассигнований, если такие обязательства необходимы для обеспечения дальнейшей эффективной работы Секретариата, при условии, что эти обязательства ограничиваются административными потребностями постоянного характера, которые не превышают объема таких потребностей, предусмотренного бюджетом текущего финансового года. В остальных случаях Исполнительный секретарь может принимать обязательства на последующие годы только с согласия КСДА..

4.3 Ассигнования могут использоваться в течение того финансового года, к которому они относятся. По окончании финансового года все ассигнования теряют силу. Если КСДА не примет иного решения, в конце финансового года обязательства, невыполненныеврамкахвыделенныхассигнований, переносятся на следующий год и включаются в бюджет следующего года.

4.4 Исполнительный секретарь может перераспределять средства в пределах каждой крупной статьи ассигнований утвержденного бюджета. Исполнительный секретарь может также перераспределять средства между статьями ассигнований в пределах 15% от объема статьи ассигнований. Исполнительный секретарь докладывает о любом произведенном перераспределении средств на ближайшем ежегодном КСДА. Перераспределение средств, которое допускается данным Положением, не должно приводить ни к общему увеличению бюджета по сравнению с тем, который утвердило КСДА, ни к увеличению расходов в последующие годы.

4.5 КСДА определяет обстоятельства, при наступлении которых могут быть произведены непредвиденные и чрезвычайные расходы.

ПОЛОЖЕНИЕ 5
ПРЕДОСТАВЛЕНИЕ СРЕДСТВ

5.1 После утверждения бюджета на финансовый год Исполнительный секретарь направляет его копии всем Консультативным сторонам с уведомлением о размере их взноса и сроке, к которому этот взнос должен быть перечислен, и с просьбой о перечислении причитающейся суммы.

5.2 Все взносы выплачиваются в валюте Соединенных Штатов Америки.

5.3 Взносы Государств, которые становятся Консультативными сторонами после начала финансового периода, перечисляются на пропорциональной основе за оставшуюся часть этого финансового периода.

5.4 Исполнительный секретарь подтверждает залоги и взносы сразу после их получения. На каждом КСДА Исполнительный секретарь отчитывается о положении дел с получением взносов и задолженностью по их уплате.

5.5 Взносы перечисляются, начиная с первого дня финансового года (срок платежа), и должны быть уплачены не позднее чем, через 90 дней после этого срока. Однако в случае, упомянутом в Положении 5.3, новая Консультативная сторона должна перечислить взносы в течение 60 дней после дня вступления в силу решения о ее присоединении.

ПОЛОЖЕНИЕ 6
ФОНДЫ

6.1 (a) В целях учета доходов и расходов Секретариата учреждается Общий фонд;

(b) в Общий фонд зачисляются взносы, уплаченные Консультативными сторонами в соответствии со Статьей 4 Меры 1 (2003), а также Прочие поступления, упомянутые в Положении 7.1;

(c) произведенные Консультативными сторонами авансы зачисляются Сторонам, которые их произвели.

6.2 (a) В целях обеспечения бесперебойной работы в случае временной нехватки денежных средств, а также в иных целях, которые КСДА может периодически определять, создается Фонд оборотных средств в размере не более одной шестой (1/6) бюджета соответствующего финансового года. Сначала, до того, как будет достигнут оговоренный уровень, Фонд оборотных средств финансируется за счет перечислений из Общего фонда, а затем из фонда, который определит Консультативное совещание по Договору об Антарктике.

(b) авансы, предоставленные в течение финансового года из Фонда оборотных средств для финансирования бюджетных ассигнований, возмещаются в кратчайшие сроки и в той мере, в какой из поступлений могут быть выделены необходимые для этой цели суммы;

(c) поступления от инвестиций Фонда оборотных средств зачисляются на счет Прочих поступлений Общего фонда; и

(d) в целях получения средств и осуществления платежей для финансирования расходов, не предусмотренных Общим фондом или Фондом оборотных средств Секретариата, последний, по указанию КСДА, может создать Целевые и Специальные фонды. Консультативное совещание четко определяет предназначение и лимиты каждого Целевого и Специального фонда. В отсутствие иных решений КСДА, управление такими Фондами осуществляется в соответствии с настоящими Положениями.

6.3 (a) Секретариат информирует Консультативные стороны о наличии в Общем фонде по состоянию на конец финансового года любого денежного профицита, которые не нужен для выполнения каких- либо невыполненных обязательств, а также о том, какая доля этого профицита приходится на каждую Консультативную сторону. Стороны, не желающие оставлять свою долю денежного профицита в Общем фонде, должны сообщить об этом в Секретариат, и соответствующая доля денежного профицита учитывается в счет взносов этих Консультативных сторон в следующем году. В противном случае, любой денежный профицит остается в Общем фонде.

6.4 Если взносы новых Консультативных сторон получены после начала финансового года и не были учтены при подготовке бюджета, эти средства перечисляются в Общий фонд.

ПОЛОЖЕНИЕ 7
ПРОЧИЕ ПОСТУПЛЕНИЯ

7.1 Все поступления, за исключением взносов в бюджет, на которые распространяется Положение 5, включая поступления от инвестиций Фонда оборотных средств, предусмотренные в Положении 6 (c) и поступления, упомянутые далее в Положении 7.5, учитываются как Прочие поступления и зачисляются на кредит счета Общего фонда.

7.2 Доходы и убытки от валютообменных операций зачисляются на кредит и дебет счета Прочих поступлений.

7.3 Прочие поступления используются с соблюдением тех же правил финансового контроля, которые распространяются на деятельность, финансируемую за счет регулярных бюджетных ассигнований.

7.4 Добровольные взносы, перечисленные сверх бюджетных взносов Консультативных сторон, могут приниматься Исполнительным секретарем при условии, что предназначение этих взносов не противоречит политике, целям и деятельности КСДА. Добровольныевзносы, предлагаемые Неконсультативными сторонами и теми, кто не является Сторонами, могут быть приняты в том случае, если КСДА согласится с тем, что предназначение таких взносов не противоречит политике, целям и деятельности КСДА.

7.5 Добровольные взносы, упомянутые в Положении 7.4, рассматриваются как Целевые или Специальные фонды, предусмотренные в Положении 6.2 (d).

ПОЛОЖЕНИЕ 8
ХРАНЕНИЕ СРЕДСТВ

8.1 Исполнительный секретарь устанавливает, в каком банке или банках должны храниться принадлежащие Секретариату денежные средства, и сообщает КСДА название выбранного таким образом банка или банков.

8.2 (a) Исполнительный секретарь может производить краткосрочное инвестирование денежных сумм, в которых у Секретариата нет срочной потребности. Такие инвестиции ограничиваются вложениями в ценные бумаги и другие инвестиционные инструменты, выпускаемые организациями или правительственными ведомствами имеющие текущие рейтинги, которые установлены рейтинговым органом, одобренным аудитором Секретариата, и свидетельствуют о хорошей платежеспособности. Подробная информация об инвестиционных операциях и полученных таким образом доходах приводится в сопроводительных документах к бюджету.

(b) Что касается средств, зачисленных в Целевые или Специальные фонды, которые не потребуются, по крайней мере, в течение 12 месяцев, КСДА может разрешить их использование для более долгосрочных инвестиций, если это соответствует условиям, на которых эти средства были предоставлены Секретариату. Такие инвестиции ограничиваются вложениями в ценные бумаги и другие инвестиционные инструменты, выпускаемые организациями или правительственными ведомствами и имеющие текущие рейтинги, которые установлены рейтинговым органом, одобренным аудитором Секретариата, и свидетельствуют о хорошей платежеспособности.

8.3 Поступления от инвестиций зачисляются в тот фонд, из которого были произведены инвестиционные платежи.

ПОЛОЖЕНИЕ 9
ВНУТРЕННИЙ КОНТРОЛЬ

9.1 Исполнительный секретарь:

(a) после проведения консультаций с внешним аудитором, устанавливает подробные финансовые правила и процедуры для обеспечения эффективного финансового управления, а также экономного использования средств и надлежащего хранения материальных активов Секретариата;

(b) следит за тем, чтобы все платежи производились на основании соответствующих квитанций и иных документов, подтверждающих, что товары или услуги были получены и платежи по ним ранее не производились;

(c) назначает должностных лиц, уполномоченных получать денежные суммы, принимать обязательства и производить платежи от имени Секретариата; и

(d) следит за поддержанием и несет ответственность за осуществление внутреннего финансового контроля с целью обеспечения:

(i) правильности получения, хранения и расходования всех денежных средств и иных финансовых ресурсов Секретариата;

(ii) соответствия принятых обязательств и произведенных расходов ассигнованиям, утвержденным Консультативным совещанием; и

(iii) экономичного использования ресурсов Секретариата.

9.2 Обязательства могут приниматься только после того, как по распоряжению Исполнительного секретаря будут письменно выделены или другим соответствующим образом санкционированы ассигнования.

9.3 Исполнительный секретарь, после всестороннего изучения этого вопроса, может предложить КСДА списание активов при условии, что это рекомендовано внешним аудитором. Такие потери активов включаются в годовые финансовые отчеты.

9.4 В отношении всех закупок или контрактов, сумма которых превышает 2000 долларов США, информация о приеме письменных конкурсных предложений на поставку оборудования, материалов и прочих необходимых товаров и услуг распространяется либо в виде рекламных объявлений, либо путем прямого запроса расценок не менее, чем у трех лиц или фирм, которые могут поставить это оборудование, материалы или прочие товары и услуги (если таковые имеются). Если сумма таких закупок или контрактов составляет больше 500 долларов США, но меньше 2000 долларов США, конкурс организуется либо так, как указано выше, либо путем телефонного или личного опроса. Однако эти правила не распространяются на следующие случаи:

(a) достоверно установление наличие только одного поставщика, и это подтверждено Исполнительным секретарем;

(b) возникла чрезвычайная ситуация, или сложилось положение, когда в силу любых иных причин эти положения не отвечают финансовым интересам Секретариата наилучшим образом, и это подтверждено Исполнительным секретарем.

ПОЛОЖЕНИЕ 10
БУХГАЛТЕРСКИЙ УЧЕТ

10.1 Исполнительный секретарь обеспечивает ведение соответствующей учетной и бухгатерской документации, отражающей операции и дела Секретариата, и принимает все необходимые меры для того, чтобы все выплаты из средств Секретариата производились правильно и были должным образом санкционированы. Кроме того, Исполнительный секретарь обеспечивает надлежащий контроль за активами, которые принадлежат Секретариату или находятся у него на хранении, а также за вновь возникающими обязательствами Секретариата.

10.2 По возможности в кратчайшие сроки после окончания финансового года, но не позднее 30 июня следующего финансового года, Исполнительный секретарь направляет Консультативным сторонам годовые финансовые отчеты, содержащие следующую информацию за финансовый год, к которому они относятся:

(a) поступления и расходы по всем фондам и счетам;

(b) состояние бюджетных ассигнований, в том числе:

(i) первоначальных бюджетных ассигнований;

(ii) расходов, утвержденных сверх первоначальных бюджетных ассигнований;

(iii) всех прочих поступлений;

(iv) сумм расходов, покрытых из этих ассигнований и прочих поступлений;

(c) финансовые активы и пассивы Секретариата;

(d) подробная информация о результатах инвестирования средств;

(e) списание активов, предложенное в соответствии с Положением 9.3.

10.3 Кроме того, Исполнительный секретарь представляет любую иную информацию, которая может потребоваться для описания финансового положения Секретариата. Эти финансовые отчеты готовятся по форме, одобренной КСДА после проведения консультаций с внешним аудитором.

10.4 Бухгалтерские операции Секретариата отражаются в той валюте, в которой они были проведены, однако в годовых финансовых отчетах все операции отражаются в валюте Соединенных Штатов Америки.

10.5 По всем фондам оборотных средств, специальным и целевым фондам ведется надлежащая отдельная отчетность.

ПОЛОЖЕНИЕ 11
ВНЕШНИЙ АУДИТ

11.1 КСДА назначает внешнего аудитора, который является Генеральным аудитором или аналогичным законодательно утвержденным органом одной из Консультативных сторон КСДА и назначается на эту должность на два года с возможностью повторного назначения. КСДА обеспечивает независимость внешнего аудитора от Секретариата и его сотрудников. КСДА определяет условия работы внешнего аудитора, выделяет средства для внешнего аудитора и может консультироваться с ним/с ней по поводу введения новых или изменения любых существующих финансовых положений, или деталей методики бухгалтерского учета, а также по всем вопросам, имеющим значение для процедур и методики аудита.

11.2 Внешний аудитор или лицо или лица, получившие от него/нее соответствующие полномочия, пользуются свободным доступом в любое разумное время ко всем бухгалтерским книгам и учетным документам Секретариата, имеющим прямое или косвенное отношение к получению или выплате Секретариатом денежных средств, или к приобретению, получению, хранению или реализации активов Секретариатом. Внешний аудитор или лицо или лица, получившие от него/нее соответствующие полномочия, могут снимать копии или делать выписки из любых таких счетов или учетных документов.

11.3 Если КСДА запрашивает проведение полномасштабного аудита, внешний аудитор проводит проверку финансовых отчетов в соответствии с общепринятыми стандартами аудита и предоставляет КСДА отчет по всем соответствующим вопросам, включая следующее:

(a) свое мнение о том, насколько эти финансовые отчеты опираются на соответствующие бухгалтерские книги и учетные документы;

(b) насколько финансовые отчеты соответствуют этим бухгалтерским книгам и учетным документам;

(c) свое мнение о том, насколько поступления, расходы и инвестиции средств, а также приобретение и реализация активов Секретариатом в течение рассматриваемого года соответствовали настоящим Положениям; и

(d) замечания об эффективности и экономичности финансовых процедур и ведения дел, системы отчетности, механизмов внутреннего финансового контроля, а также организации и управления работой Секретариата.

11.4 Если КСДА запрашивает проведенние обзорного аудита, внешний аудитор проводит проверку финансовых отчетов и действующих механизмов учетного контроля. Внешний аудитор сообщает КСДА обо всех обнаруженных фактах, которые дают ему/ей основания сомневаться в том, что:

(a) финансовые отчеты опираются на надлежащие бухгалтерские счета и учетные документы;

(b) финансовые отчеты соответствуют этим бухгалтерским счетам и учетным документам; или

(c) доходы, расходы и инвестиции средств, а также приобретение и реализация активов Секретариатом в течение рассматриваемого года соответствовали настоящим Положениям.

11.5 Исполнительный секретарь предоставляет внешнему аудитору средства и оборудование, которые могут ему/ей потребоваться для проведения аудита.

11.6 Исполнительный секретарь направляет Сторонам КСДА копию отчета аудитора и прошедшие аудиторскую проверку финансовые отчеты в течение 30 дней после их получения.

11.7 В случае необходимости КСДА предлагает внешнему аудитору выступить на Совещании, а также присутствовать при обсуждении любой рассматриваемой статьи и изучить рекомендации, сделанные на основе его/ее выводов.

ПОЛОЖЕНИЕ 12
ПРИНЯТИЕ ГОДОВЫХ ФИНАНСОВЫХ ОТЧЕТОВ

12 После рассмотрения прошедших аудиторскую проверку годовых финансовых отчетов и отчета об аудите, представленных Консультативным сторонам в соответствии с Положением 11, КСДА утверждает прошедшие

аудиторскую проверку годовые финансовые отчеты или принимает иные меры, которые оно считает необходимыми.

ПОЛОЖЕНИЕ 13
СТРАХОВАНИЕ

13 Секретариат должен надлежащим образом застраховать свои активы от обычных рисков в одном или нескольких солидных финансовых учреждениях.

ПОЛОЖЕНИЕ 14
ОБЩИЕ ПОЛОЖЕНИя

14.1 Настоящие Положения могут быть изменены Решением КСДА.

14.2 В тех случаях, когда КСДА рассматривает вопросы, которые могут привести к принятию решения, имеющего финансовые или административные последствия, у него должна быть информация с оценкой таких последствий, предоставленная Исполнительным секретарем.

МЕРА 1 (2003)
СЕКРЕТАРИАТ ДОГОВОРА ОБ АНТАРКТИКЕ

Представители,

Напоминая о Договоре об Антарктике и Протоколе по охране окружающей среды к Договору об Антарктике (Протокол);

Признавая необходимость секретариата для оказания содействия Консультативному совещанию по Договору об Антарктике (КСДА) и Комитету по охране окружающей среды (КООС) при выполнении ими своих функций;

Напоминая о Решении 1 (2001) XXIV КСДА, касающемся создания Секретариата Договора об Антарктике (Секретариат) в Буэнос-Айресе (Аргентина);

Рекомендуют своим Правительствам одобрить следующую Меру в соответствии с пунктом 4 Статьи IX Договора об Антарктике:

СТАТЬЯ 1
Секретариат

Секретариат является органом КСДА и как таковой подотчетен КСДА.

СТАТЬЯ 2
Функции

1. Секретариат выполняет те функции в поддержку КСДА и КООС, которые возложены на него Консультативным совещанием.

2. В частности, под руководством и надзором КСДА Секретариат:

   (a) ри содействии правительства принимающей страны, обеспечивает административно-техническую поддержку совещаний, которые проводятся в рамках Договора об Антарктике и Протокола, а также других совещаний, связанных с КСДА. Административно-техническая поддержка включает:

(i) сбор информации для КСДА и заседаний КООС (например, оценок воздействий на окружающую среду и планов управления);

(ii) подготовку и распространение повесток дня и отчетов совещаний и заседаний;

(iii) перевод документов совещаний и заседаний;

(iv) обеспечение синхронного перевода;

(v) копирование, систематизацию и распространение документов совещаний и заседаний;

(vi) оказание содействия КСДА в разработке проектов документов совещания, включая заключительный отчет;

(b) обеспечивает поддержку межсессионной работы КСДА и КООС, оказывая содействие в обмене информацией, организуя помещения для встреч и предоставляя иную административно-техническую поддержку по указанию КСДА;

(c) омогает наладить и координирует связь и обмен информацией между Сторонами в рамках всех видов обмена, предусмотренных Договором об Антарктике и Протоколом;

(d) под руководством КСДА обеспечивает необходимую координацию и поддерживает контакты с другими элементами Системы Договора об

Антарктике и прочими международными органами и организациями, как того требуют обстоятельства;

(e) создает, поддерживает, разрабатывает и, по мере необходимости, публикует базы данных, необходимые для осуществления Договора об Антарктике и Протокола;

(f) направляет Сторонам другую необходимую информацию и распространяет информацию о деятельности в Антарктике;

(g) готовит, ведет и, по мере необходимости, публикует материалы КСДА и других совещаний, организованных в рамках Договора об Антарктике и Протокола;

(h) обеспечивает доступ к информации о Системе Договора об Антарктике;

(i) готовит отчеты о своей работе и представляет их КСДА;

(j) оказывает содействие КСДА в рассмотрении статуса предшествующих Рекомендаций и Мер, принятых в рамках Статьи IX Договора об Антарктике;

(k) под руководством КСДА обеспечивает ведение и обновление Справочника Системы Договора об Антарктике; и

(l) по решению КСДА, выполняет другие функции, необходимые для целей Договора об Антарктике и Протокола.

СТАТЬЯ 3

Исполнительный секретарь

1. Во главе Секретариата стоит Исполнительный секретарь, который назначается КСДА из числа кандидатов, являющихся гражданами Консультативных сторон. Порядок избрания Исполнительного секретаря определяется Решением КСДА.

2. Исполнительный секретарь назначает сотрудников, которые необходимы для выполнения функций Секретариата, и нанимает соответствующих экспертов. Порядок и условия работы Исполнительного секретаря и других

сотрудников изложены в Положениях о персонале, которые принимаются Решением КСДА.

3. В межсессионный период Исполнительный секретарь проводит консультации так, как это предусмотрено в Правилах процедуры.

СТАТЬЯ 4
Бюджет

1. Работа Секретариата должна быть экономически эффективной.

2. Бюджет Секретариата утверждается Представителями всех Консультативных сторон, присутствующих на КСДА.

3. Каждая Консультативная сторона перечисляет взносы в бюджет Секретариата. Одна половина бюджета формируется за счет равных взносов всех Консультативных сторон. Вторая половина бюджета формируется за счет взносов Консультативных сторон, размер которых зависит от объема их деятельности в Антарктике, с учетом финансовых возможностей каждой Консультативной стороны.

4. Метод расчета шкалы взносов описан в Решении 1 (2003) и Дополнении к нему. Доли бюджета, формируемые в соответствии с этими двумя критериями, а также метод расчета шкалы взносов могут быть изменены Решением КСДА.

5. Любая Договаривающаяся Сторона может в любое время перечислить добровольный взнос.

6. Финансовые положения утверждаются Решением КСДА.

СТАТЬЯ 5

Правоспособность, привилегии и иммунитеты

1. Правоспособность Секретариата как органа КСДА, его привилегии и иммунитеты, а также привилегии и иммунитеты Исполнительного секретаря и других сотрудников на территории Аргентинской Республики оговариваются в Соглашении о Штаб-квартире Секретариата Договора об Антарктике (Соглашение о Штаб-квартире), которое принимается в рамках настоящей Меры и прилагается к ней и должно быть заключено между КСДА и Аргентинской Республикой.

2. КСДА настоящим уполномочивает лицо, занимающее должность Председателя КСДА, заключить от имени КСДА Соглашение о Штаб-квартире, когда настоящая Мера вступит в силу.

3. Секретариат может осуществлять свою правоспособность, которая определена в Статье 2 Соглашения о Штаб-квартире, только в том объеме, в каком это санкционировано Консультативным совещанием. Впределахбюджета, утвержденного Консультативным совещанием, и в соответствии с любым иным решением КСДА Секретариат настоящим уполномочивается получать по контракту, приобретать и продавать движимое имущество, необходимое для выполнения его функций, изложенных в Статье 2 настоящей Меры.

4. Секретариат не имеет права приобретать или продавать недвижимое имущество или возбуждать судебное разбирательство без предварительного согласия КСДА.

www.ingramcontent.com/pod-product-compliance
Lightning Source LLC
LaVergne TN
LVHW080300061026
849532LV00012BA/3909
* 9 7 8 9 8 7 8 9 2 9 1 0 1 *